사회통합프로그램(KIIP)

한국사회 이해

기초 교사용 지도서

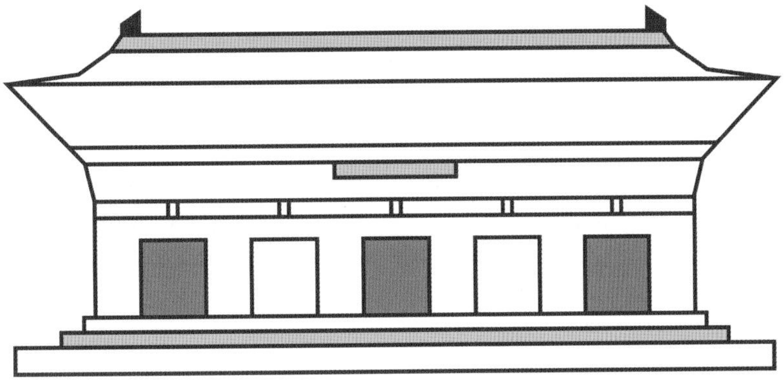

기획 법무부 출입국·외국인정책본부

발간사

우리나라는 6·25전쟁 이후 한동안 전쟁과 높은 실업률, 지정학적 리스크 등으로 인해 다른 나라로 이주를 가던 나라였으나, 1970년대부터 '한강의 기적'으로 불릴 만큼 단기간에 비약적인 경제성장을 이루게 되면서 어느덧 세계 10대 경제대국의 반열에 이르게 되었고, 이제는 많은 사람들이 이민을 오는 나라가 되어, 현재 국내 체류외국인이 250만 명을 넘어서고 있습니다.

더욱이 저출산·고령사회로 급속하게 진입하면서 지난해 우리나라의 합계출산율은 0.72명에 그쳐 역대 최저치를 기록하는 등 저출산과 고령화로 인한 인구문제, 생산동력 상실, 국가소멸의 위기 상황에 직면하게 되면서 이민정책의 획기적인 전환이 필요한 시점이 되었습니다.

그간 법무부는 이민정책을 총괄하는 부처로서 우리나라에 정착한 외국인이 우리 사회의 구성원으로서 적응·자립할 수 있도록 지원하고, 국민과 서로 상생하며 공존할 수 있도록 하는 것이 무엇보다 중요하다고 생각하여 '체계적인 이민통합 정책'을 추진해 왔습니다.

특히, 2009년부터 시작된 '사회통합프로그램'은 한국어, 한국문화, 한국사회 이해 교육을 통해 이민자가 갖추어야 할 필수적인 기본소양을 체계적으로 함양할 수 있도록 함으로써 사회통합 교육의 가장 핵심적인 역할을 수행해 왔습니다.

시행 첫해인 2009년에 1,331명이 '사회통합프로그램'에 참여하였으며, 코로나로 인해 잠시 주춤했던 시기를 제외하면 매년 증가하다가 엔데믹을 선언한 지난해에는 58,028명이 참여하여 역대 최다 인원을 기록하기도 하였습니다. 이러한 추세에 비추어 볼 때 외국인 근로자, 유학생, 재외동포 등 참여대상이 확대되고 있는 점을 감안한다면 교육 수요는 계속 증가할 것으로 예상됩니다.

이러한 시기에 새롭게 발간되는 사회통합프로그램 교재와 교사용 지도서는 더욱 중요한 의미가 있으며, 이민자들이 이러한 교재들을 널리 활용하여 한국사회에 대한 이해를 높이고, 더욱더 우리나라에 잘 적응할 수 있는 마중물이 되었으면 하는 바람입니다.

끝으로 교재 발간에 도움을 주신 경인교육대학교 설규주 교수님을 비롯한 산학협력단 연구진과 출판에 도움을 주신 피와이메이트 노현 대표님 등 관계자 분들께 감사드리며, 앞으로도 법무부는 이민자의 안정적인 정착 지원과 사회통합을 위해 노력하겠습니다.

법무부 출입국·외국인정책본부장

이 재 유

일러두기

'사회통합프로그램[KIIP]을 위한 한국사회 이해 교사용 지도서'는 사회통합프로그램 강사에게 한국사회 이해 강좌의 기본적인 학습 내용과 효과적인 교수·학습 방법 및 도움 자료를 제공하는 데 목적을 두고 있다.

'교사용 지도서'는 '사회통합프로그램[KIIP]을 위한 한국사회 이해 기초1'의 12개 단원 및 3개 대단원 정리, '사회통합프로그램[KIIP]을 위한 한국사회 이해 기초2'의 12개 단원 및 3개 대단원 정리에 맞춰 단원의 개관, 지도안, 학습 내용 정리, 교재에 수록된 문제의 답안, 활동지 및 도움 자료, 심화 자료로 구성되어 있다.

단원의 개관과 지도안에서는 강사가 전반적인 학습 흐름을 한눈에 확인할 수 있도록 하였고, 학습 내용 정리와 교재에 수록된 문제의 답안에서는 교재에서 다룬 주요 내용과 활동을 정리하는 데 도움이 되도록 하였다. 활동지와 도움 자료는 학습자가 흥미를 갖고 수업과 활동에 참여할 수 있도록 구성하였다. 심화 자료에서는 단원과 관련된 유용한 정보, 통계, 다른 나라 사례 등을 제공하여 좀 더 심층적인 자료를 활용하고자 하는 강사에게 도움을 주고자 하였다.

이 지도서는 한국사회 이해 강좌 수업의 표준이라기보다는 한 가지 예시이고 참고 자료라고 할 수 있다. 그러므로 강사는 이 지도서에 따라 그대로 강의를 진행하기보다는 자신의 강의 여건, 학습자의 상황 등에 맞게 적절히 재구성할 수 있다.

구성과 특징

단원의 개관 및 지도안

단원명, 각 단원의 목표 및 주요 학습 내용을 제시하였다. 해당 단원의 교재 페이지를 명시하였고, 도입-전개-정리에 따른 교수・학습활동, PPT, 단계별 수업 시간을 안내하였다.

학습 내용 정리

각 단원의 주요 내용을 요약 및 정리할 수 있도록 개조식으로 제시하였다.

교재에 수록된 문제의 답안

교재의 내용 정리하기 답안 및 함께 이야기 나누기 예시 답안, 대단원 내용 정리 답안, 스스로 해결하기 답안, 스스로 탐구하기 예시 답안, 스스로 평가하기 답안 등을 제시하여 학습자들이 좀 더 적극적으로 참여하는 데 도움을 줄 수 있는 자료로 활용할 수 있다.

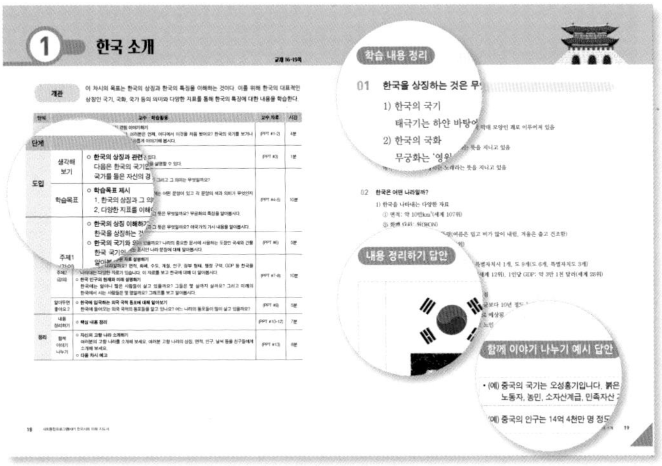

활동지 및 도움자료

수업 시간을 활용하여 학습자의 흥미와 눈높이를 고려하여 단원 내용과 관련되어 있는 과제 해결 형태의 활동지를 제시하였다. 활동을 진행할 때 학습자에게 도움이 될 수 있는 자료도 함께 제공하였다.

심화자료

각 단원의 학습 내용과 관련된 유용한 정보, 통계 자료, 다른 나라 사례 등을 제시하였다. 이 자료는 강사가 수업을 준비하거나 학습자를 지도하는 과정에서 유용하게 활용될 수 있다.

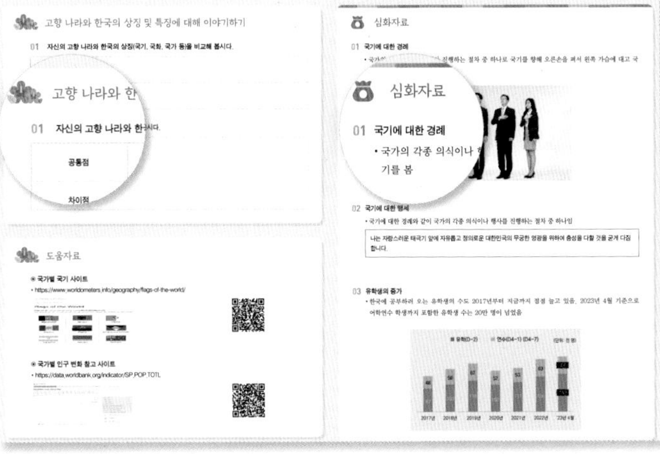

차례

제1편

제1부
한국사회 이모저모

제2부
한국의 문화와 교육

제3부
한국의 전통과 역사

제 2 편

제 1 편

1. 한국 소개
2. 편리한 교통과 통신
3. 국민의 건강과 안전
4. 모두가 행복한 삶
5. 한국의 대중문화
6. 휴식이 있는 삶
7. 한국의 보육과 학교 교육
8. 한국의 대학과 평생 교육
9. 가족과 공동체
10. 명절과 기념일
11. 한국의 역사적 인물
12. 역사가 담긴 문화유산

1 한국 소개

[기초 1] 교재 14-21쪽

개관

이 차시의 목표는 한국의 상징과 한국의 특징을 이해하는 것이다. 이를 위해 한국의 대표적인 상징인 국기, 국화, 국가 등의 의미와 다양한 지표를 통해 한국의 특징에 대한 내용을 학습한다.

단계		교수 · 학습활동	교수 자료	시간
도입	생각해 보기	○ **한국의 상징과 관련된 경험 이야기하기** 다음은 한국의 국기입니다. 여러분은 언제, 어디에서 이것을 처음 봤어요? 한국의 국기를 보거나 국가를 들은 자신의 경험을 자유롭게 이야기해 봅시다.	(PPT #1-2)	4분
	학습목표	○ **학습목표 제시** 1. 한국의 상징과 그 의미를 설명할 수 있다. 2. 다양한 지표를 이해하고 한국의 특징을 설명할 수 있다.	(PPT #3)	1분
전개	주제1 (강의)	○ **한국의 상징 이해하기** 한국을 상징하는 것에는 무엇이 있을까요? 그리고 그 의미는 무엇일까요? ○ **한국의 국기와 의미 설명하기** 한국 국기의 이름은 무엇일까요? 태극기에는 어떤 문양이 있고 각 문양의 색과 의미가 무엇인지 알아봅시다. ○ **한국의 국화와 의미 설명하기** 한국 국화의 이름은 무엇일까요? 그리고 그 뜻은 무엇일까요? 무궁화의 특징을 알아봅시다. ○ **한국의 국가와 의미 설명하기** 한국 국가의 이름은 무엇일까요? 그리고 그 뜻은 무엇일까요? 애국가의 가사 내용을 알아봅시다.	(PPT #4-5)	10분
	알아두면 좋아요 1	○ **한국의 상징 더 알아보기** 한국을 상징하는 것에는 또 무엇이 있을까요? 나라의 중요한 문서에 사용하는 도장인 국새와 건물 등에 사용하는 한국을 상징하는 표시인 나라 문장에 대해 알아봅시다.	(PPT #6)	5분
	주제2 (강의)	○ **한국을 나타내는 다양한 자료 설명하기** 한국은 어떤 나라일까요? 면적, 화폐, 수도, 계절, 인구, 정부 형태, 행정 구역, GDP 등 한국을 나타내는 다양한 자료가 있습니다. 이 자료를 보고 한국에 대해 더 알아봅시다. ○ **한국 인구의 현재와 미래 설명하기** 한국에는 얼마나 많은 사람들이 살고 있을까요? 그들은 몇 살까지 살까요? 그리고 미래의 한국에서 사는 사람들은 몇 명일까요? 그래프를 보고 알아봅시다.	(PPT #7-8)	10분
	알아두면 좋아요 2	○ **한국에 입국하는 외국 국적 동포에 대해 알아보기** 한국에 들어오는 외국 국적의 동포들을 알고 있나요? 어느 나라의 동포들이 많이 살고 있을까요?	(PPT #9)	5분
정리	내용 정리하기	○ **핵심 내용 정리**	(PPT #10-12)	7분
	함께 이야기 나누기	○ **자신의 고향 나라 소개하기** 여러분의 고향 나라를 소개해 보세요. 여러분 고향 나라의 상징, 면적, 인구, 날씨 등을 친구들에게 소개해 보세요. ○ **다음 차시 예고**	(PPT #13)	8분

학습 내용 정리

01 한국을 상징하는 것은 무엇일까?

1) 한국의 국기

태극기는 하얀 바탕에 태극 문양과 검은색 막대 모양인 괘로 이루어져 있음

2) 한국의 국화

무궁화는 '영원히 지지 않는 꽃'이라는 뜻을 지니고 있음

3) 한국의 국가

애국가는 나라를 사랑하는 노래라는 뜻을 지니고 있음

02 한국은 어떤 나라일까?

1) 한국을 나타내는 다양한 자료

① 면적: 약 10만km^2(세계 107위)

② 화폐 단위: 원(WON)

③ 수도: 서울, 사계절이 뚜렷(여름은 덥고 비가 많이 내림, 겨울은 춥고 건조함)

④ 인구: 약 5,100만 명(세계 28위)

⑤ 정부 형태: 대통령제

⑥ 행정 구역: 특별시 1개, 광역시 6개, 특별자치시 1개, 도 9개(도 6개, 특별자치도 3개)

⑦ 국내총생산(GDP): 약 1조 6천억 달러(세계 12위), 1인당 GDP: 약 3만 1천 달러(세계 28위)

2) 한국 인구의 현재와 미래

① 한국의 합계 출산율은 세계 평균에 못 미침

② 의료 기술의 발달로 기대 수명은 세계 평균보다 10년 정도 높음

③ 2028년부터 한국의 인구는 줄어들 것으로 예상됨

④ 한국의 생산 가능 인구 비율은 줄어들고 노인 인구 비율은 늘어날 것으로 예상됨

1 한국 소개

내용 정리하기 답안

1	   태극기 — 한국의 국기 애국가 — 한국의 국가 무궁화 — 한국의 국화
2	한국의 수도는 부산이다. (×) 한국의 정부 형태는 대통령제이다. (○) 한국의 화폐 단위는 원(WON)이다. (○) 한국은 여름에 비가 많이 온다. (○)
3	• 한국의 총인구는 2028년 무렵부터 (감소)할 것으로 예상된다. • 한국의 생산 가능 인구는 앞으로 (감소)할 것으로 예상된다. • 한국의 합계 출산율은 세계 평균보다 (낮고), 기대 수명은 세계 평균보다 (높다).

함께 이야기 나누기 예시 답안

• (예) 중국의 국기는 오성홍기입니다. 붉은 색 바탕에 황색 별 5개가 있습니다. 큰 별은 공산당, 작은 별은 공산당을 구성하고 있는 노동자, 농민, 소자산계급, 민족자산 계급을 의미합니다.
• (예) 중국의 인구는 14억 4천만 명 정도로 세계 1위입니다.

고향 나라와 한국의 상징 및 특징에 대해 이야기하기

01 자신의 고향 나라와 한국의 상징(국기, 국화, 국가 등)을 비교해 봅시다.

공통점	
차이점	

02 자신의 고향 나라에 대해서 소개해 봅시다.

• 국가명:

• 고향 나라의 소개하고 싶은 도시:

• 소개하고 싶은 도시의 특징:

도움자료

◉ 국가별 국기 사이트

• https://www.worldometers.info/geography/flags-of-the-world/

◉ 국가별 인구 변화 참고 사이트

• https://data.worldbank.org/indicator/SP.POP.TOTL

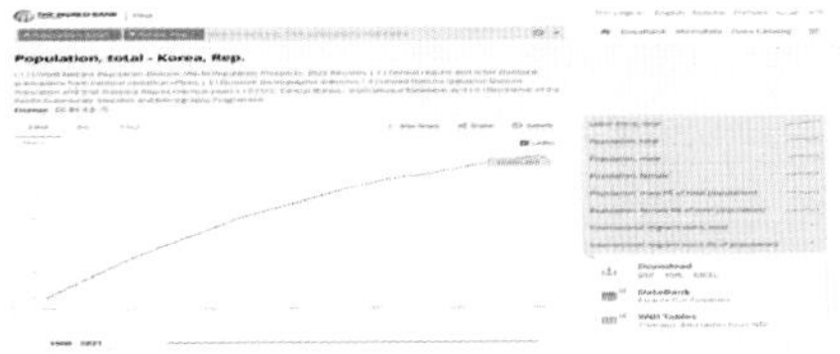

심화자료

01 국기에 대한 경례

- 국가의 각종 의식이나 행사 진행하는 절차 중 하나로 국기를 향해 오른손을 펴서 왼쪽 가슴에 대고 국기를 봄

02 국기에 대한 맹세

- 국기에 대한 경례와 같이 국가의 각종 의식이나 행사를 진행하는 절차 중 하나임

나는 자랑스러운 태극기 앞에 자유롭고 정의로운 대한민국의 무궁한 영광을 위하여 충성을 다할 것을 굳게 다짐합니다.

03 유학생의 증가

- 한국에 공부하러 오는 유학생의 수도 2017년부터 지금까지 점점 늘고 있음. 2023년 4월 기준으로 어학연수 학생까지 포함한 유학생 수는 20만 명이 넘었음

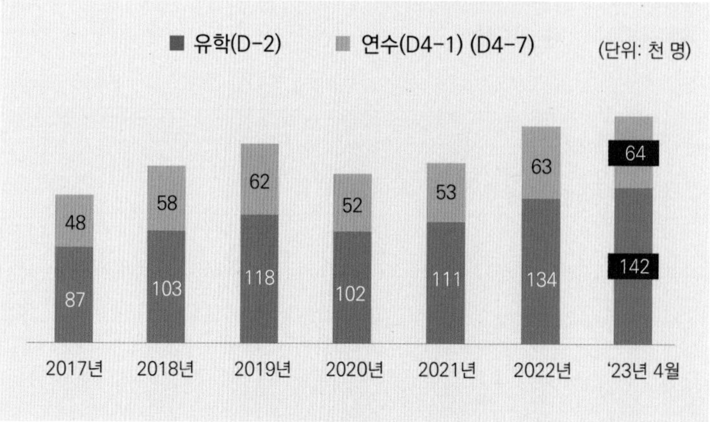

04 한국의 총인구 추이

• 2020년 인구 수에서 10년 동안은 1년에 평균 6만 명 정도의 인구가 줄어들어 2030년에는 5,120만 명 수준으로 줄어들고 2070년에는 3,766만 명에 이를 전망임

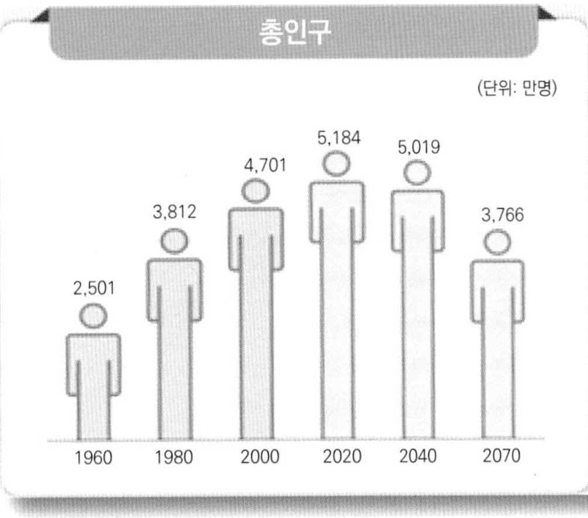

05 인구주택총조사

• 대한민국 영토 내의 모든 인구 주택에 대해 조사해 주요 정책의 수립과 개발을 위한 기초자료로 쓰이는 중요한 국가 통계조사 중 하나로, 특정한 시점에 모든 사람, 가구, 거처와 관련된 인구 · 경제 · 사회학적 자료를 수집, 평가, 분석, 제공함. 이를 통해 한국의 인구, 가구, 주택, 노령화 지수, 1인 가구, 아파트 비율 등을 알 수 있음

참고자료

법무부 출입국 · 외국인정책본부 https://www.immigration.go.kr/
통계청 https://kostat.go.kr/
인구주택총조사 https://www.census.go.kr/

2 편리한 교통과 통신

[기초 1] 교재 22-29쪽

개관

이 차시의 목표는 한국의 편리한 교통 수단과 통신 수단을 이해하는 것이다. 이를 위해 한국의 대중교통의 발달과 편리하게 이용하는 방법, 통신 수단의 발달과 통신 수단을 편리하게 이용하는 방법에 대한 내용을 학습한다.

단계		교수 · 학습활동	교수 자료	시간
도입	생각해 보기	○ **한국의 교통 수단 이용 경험 이야기하기** 다음은 한국 직장인이 출근하는 모습입니다. 여러분은 한국에서 어떤 대중교통을 이용해 봤어요? 한국에서 대중교통을 이용한 경험을 자유롭게 이야기해 봅시다.	(PPT #1-2)	4분
	학습목표	○ **학습목표 제시** 1. 한국의 편리한 교통 수단에 대해 설명할 수 있다. 2. 한국의 편리한 통신 수단에 대해 설명할 수 있다.	(PPT #3)	1분
전개	주제1 (강의)	○ **한국의 대중교통 이해하기** 한국의 대중교통에는 무엇이 있을까요? ○ **한국 대중교통의 종류 설명하기** 한국의 대표적인 대중교통은 무엇일까요? 한국 사람들은 무엇을 타고 출퇴근을 할까요? 한국의 대표적인 대중교통인 철도와 버스에 대해 알아봅시다. ○ **한국의 대중교통 정책 설명하기** 정부와 지자체에서 대중교통을 많이 이용하도록 지원하는 정책은 무엇일까요? 어떻게 하면 교통 요금을 할인받을 수 있을까요? 한국의 대중교통 장려 정책을 알아봅시다.	(PPT #4-5)	10분
	알아두면 좋아요 1	○ **공공 자전거 알아보기** 한국에서 이용할 수 있는 교통 수단은 또 뭐가 있을까요? 지역마다 있는 공공 자전거에 대해 알아봅시다.	(PPT #6)	5분
	주제2 (강의)	○ **한국의 통신 수단 설명하기** 한국 국민이 많이 이용하는 통신 수단은 무엇일까요? 한국 사람들은 인터넷을 얼마나 많이 이용할까요? 그래프를 보고 한국 국민의 인터넷 이용률, 인터넷 이용 시간, 많이 사용하는 모바일앱에 대해 알아봅시다. ○ **편리한 통신 수단 설명하기** 한국 국민들은 무엇으로 모바일 인터넷을 이용할까요? 그리고 인터넷으로 무엇을 할까요? 그들이 인터넷으로 많이 하는 것을 알아봅시다.	(PPT #7-8)	10분
	알아두면 좋아요 2	○ **대중교통 와이파이에 대해 알아보기** 한국의 버스 안에서 무료로 와이파이를 이용할 수 있다는 것을 알고 있나요? 버스에서 와이파이를 이용하는 방법을 알아봅시다.	(PPT #9)	5분
정리	내용 정리하기	○ **핵심 내용 정리**	(PPT #10-12)	7분
	함께 이야기 나누기	○ **여행 방법 검색하기** 여러분이 부산으로 여행을 가요. 여러분이 살고 있는 곳에서 대중교통을 이용하여 부산에 가는 방법을 인터넷으로 검색해 보세요. 그리고 여러분이 가고 싶은 곳을 대중교통을 이용하여 갈 수 있는 방법을 검색해 보세요. ○ **다음 차시 예고**	(PPT #13)	8분

학습 내용 정리

01 한국의 교통은 어떤 모습일까?

1) 대중교통의 발달
   ① 한국의 대표적인 대중교통: 철도, 버스
   ② 고속 철도: 국토의 동서남북을 연결, 서울과 부산을 빠른 시간 내에 갈 수 있음
   ③ 지하철: 인구가 많은 도시(수도권, 부산, 대구, 광주 대전 등)에서 운영됨
   ④ 버스의 종류: 고속버스, 시외버스, 광역버스, 마을버스

2) 편리한 대중교통
   ① 도착 예정 시간 안내, 교통카드 충전, 휴대 전화 결제
   ② 대중교통 정책: 노선이나 교통수단 변경 시 할인, 교통 카드 이용 시 마일리지 적립 등

02 한국의 통신은 어떤 모습일까?

1) 통신 수단의 발달
   ① 인터넷 이용률(93%)이 높음
   ② 일주일에 평균 22.1시간 인터넷 이용
   ③ 가장 많이 사용하는 모바일앱: 카카오톡, 유튜브, 네이버 등

2) 편리한 통신 수단
   ① 인터넷 활용 방법: SNS, 이메일, 비대면 회의나 수업 등, 예약 및 예매

2 편리한 교통과 통신

내용 정리하기 답안

<table>
<tr><td rowspan="5">1</td><td>KTX</td><td rowspan="5">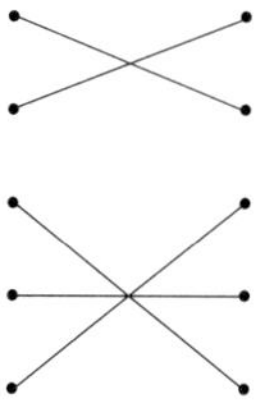</td><td>수도권, 부산, 대구, 광주, 대전에서 운행되고 있다.</td></tr>
<tr><td>지하철</td><td>한국의 대표적인 고속 철도이다.</td></tr>
<tr><td>광역버스</td><td>대중교통 수단이나 노선을 바꾸어 타는 것으로, 교통 요금을 할인받을 수 있다.</td></tr>
<tr><td>마을버스</td><td>일반 버스가 다니지 않는 곳도 연결해 주는 버스이다.</td></tr>
<tr><td>환승</td><td>대도시와 주변 도시를 잇는 버스로 특히 출퇴근 시간에 많은 사람이 이용한다.</td></tr>
<tr><td rowspan="2">2</td><td colspan="2">한국 국민의 인터넷 이용률은 50% 정도이다. (×)</td><td>한국에서는 대부분 유선 방식으로 인터넷을 이용하고 있다. (×)</td></tr>
<tr><td colspan="2">한국에서 스마트폰으로 비대면 회의를 하는 것은 허용되지 않는다. (×)</td><td>한국은 모바일 인터넷의 발달로 다양한 비대면 모임도 활발해지고 있다. (○)</td></tr>
<tr><td>3</td><td colspan="3">• 한국의 대표적인 고속 철도는 (KTX)와 (SRT)이다.
• 한국의 자하철역 승장강에는 사고 방지를 위해 (안전문)이 설치되어 있다.
• 인터넷의 발달과 코로나19의 영향 등으로 최근에는 (비대면)으로 하는 모임이나 회의, 수업이 많아졌다.</td></tr>
</table>

함께 이야기 나누기 예시 답안

• (예) 집 → (시내 버스)타고 (서울역)(으)로 → (KTX)타고 (부산역)(으)로
• (예) 목적지 경주 불국사: 집 → (지하철)타고 (서울 고속 버스 터미널)(으)로 → (고속 버스)타고 (경주 고속 버스 터미널)(으)로 → (시내 버스)타고 (경주 불국사)(으)로

한국의 교통에 대해 이야기하기

01 다음 사진의 교통 수단은 무엇인지 빈칸에 써 봅시다.

02 여러분이 자주 이용하는 대중교통에 대해 이야기를 나눠 봅시다.

- 자주 이용하는 대중교통:
- 그 대중교통의 장점:
- 그 대중교통의 단점:

도움자료

⊙ 환승 할인 이용 방법

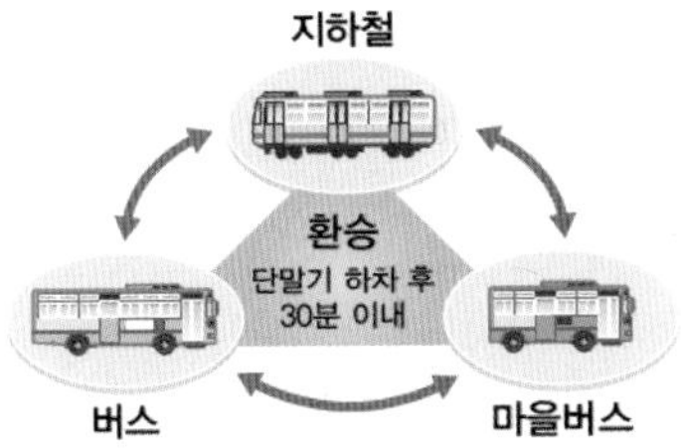

버스나 지하철을 타고 내릴 때 단말기에 교통카드를 반드시 대야 한다. 마지막으로 이용한 교통 수단에서 내릴 때 교통카드를 단말기에 대지 않으면 추가요금을 내야 한다. 환승은 총 4번까지 할 수 있으며, 버스나 지하철에서 내린 후 30분 이내에 환승해야 요금을 할인받을 수 있다. 단, 21시~다음 날 7시까지는 60분 이내에 환승할 수 있다. 같은 노선이나 같은 번호의 차량 간의 환승할인은 불가능하다. (출처: 서울특별시)

심화자료

01 시외버스와 고속버스

- 고속버스는 일반고속버스와 우등고속버스 두 종류가 있는데 우등고속의 경우 일반고속보다 좌석수가 적고 더 넓으며 TV 시청을 할 수도 있음
- 먼 거리를 이동할 경우 고속버스 대신 시외버스를 이용할 수도 있음. 시외버스의 장점은 고속버스보다 터미널이 많기 때문에 목적지와 최대한 가까운 터미널을 선택할 수 있음

[출처] 인베스트코리아

02 기차의 특징

- 기차는 이동 시간에 따라 KTX, SRT, 새마을호, 무궁화호 네 종류가 있음. SRT와 KTX는 새마을호와 무궁화호보다 빠르지만 가격이 더 비쌈. 기차역 및 요금은 코레일 홈페이지(www.korail.com)와 SRT 홈페이지(etk.srail.co.kr)에서 확인할 수 있음

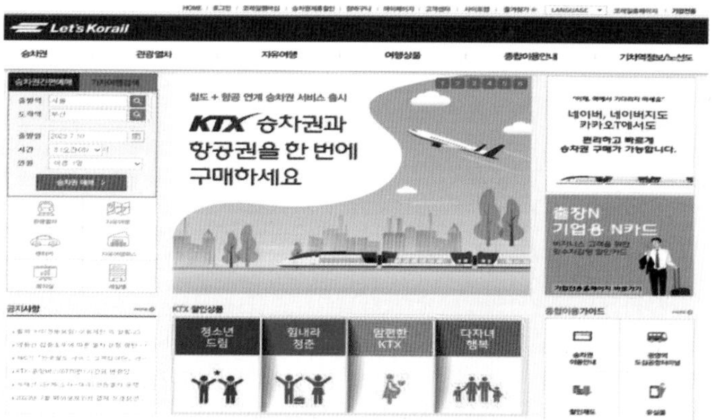

[출처] 인베스트코리아

03 SNS를 이용하는 이유

• SNS를 이용하는 가장 큰 이유는 다른 사람과의 관계를 위해서이고, 두 번째는 다른 사람이 올린 사진이나 영상을 보기 위해서라고 답했음. 그리고 일상생활을 기록하기 위해서라는 이유도 많았음

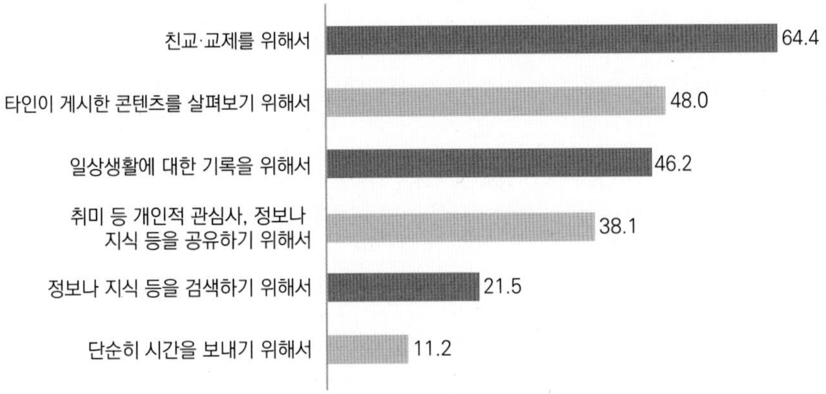

[출처] 한국지능정보사회진흥원

05 인터넷 쇼핑 품목

• 12세 이상 인터넷 쇼핑 이용자가 많이 구매하는 물건은 '의류/신발/스포츠용품/액세서리'가 가장 많았고, 다음으로 '식재료/음료', '건강 관련 제품' 순으로 나타났음

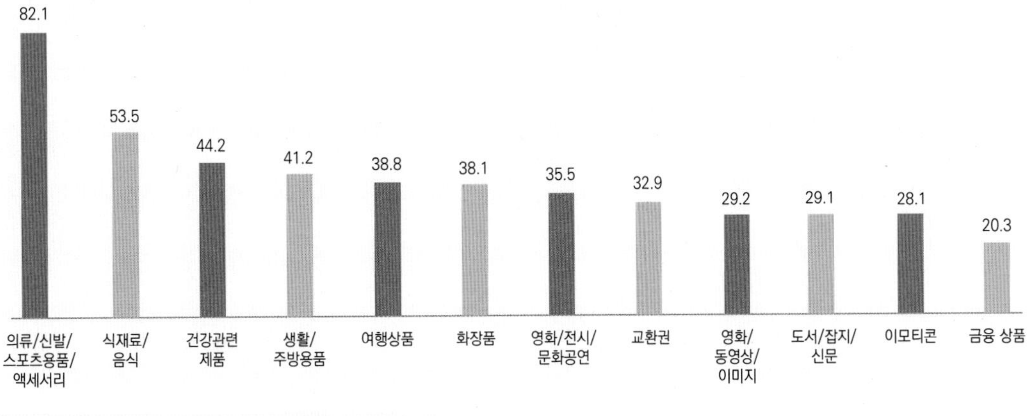

참고자료

인베스트코리아
https://www.investkorea.org/
한국지능정보사회연구원
https://www.nia.or.kr/

3 국민의 건강과 안전

[기초 1] 교재 30-37쪽

개관

이 차시의 목표는 한국 국민의 건강 및 안전을 위한 제도를 이해하는 것이다. 이를 위해 국민의 건강을 지키기 위한 의료 서비스와 재난과 범죄로부터 국민을 보호하는 서비스에 대한 내용을 학습한다.

단계		교수 · 학습활동	교수 자료	시간
도입	생각해 보기	○ **우리 주변에서 안전을 필요로 하는 곳 이야기하기** 다음은 안전한 나라를 만들기 위해 노력하는 사람들의 모습입니다. 여러분 주변에 위험 시설이나 안전이 더 요구되는 곳이 있나요? 한국에서 안전이 필요한 곳이 있으면 자유롭게 이야기해 봅시다.	(PPT #1-2)	4분
	학습목표	○ **학습목표 제시** 1. 국민의 건강을 지키기 위한 의료 서비스를 설명할 수 있다. 2. 재난과 범죄로부터 국민을 보호하는 서비스를 설명할 수 있다.	(PPT #3)	1분
전개	주제1 (강의)	○ **의료 기관 이용 방법** 한국의 의료 기관은 어떻게 구분을 할까요? 병이 생겼을 때 진료부터 약 구입까지 어떻게 할까요? 한국에서의 의료 기관 이용 방법에 대해 알아봅시다. ○ **국민 건강 보험** 한국 정부가 국민의 건강을 위해 운영하는 제도는 무엇일까요? 외국인과 재외 국민은 어떻게 해야 할까요? 한국의 국민 건강 보험 제도에 대해 알아봅시다.	(PPT #4-5)	10분
	알아두면 좋아요 1	○ **처방전 없이 살 수 있는 약** 처방전 없이 살 수 있는 약이 무엇일까요? 편의점에서 구매할 수 있는 약에 대해서 알아봅시다.	(PPT #6)	5분
	주제2 (강의)	○ **재난 안전 정보** 한국에서 국민들에게 재난 정보를 제공하는 방법은 무엇일까요? 무슨 앱을 통해 여러 가지 재난 안전 정보를 이용할 수 있을까요? 재난 안전 정보 이용 방법에 대해 알아봅시다. ○ **생명과 재산 보호** 한국에서는 국민의 생명과 재산을 어떻게 보호할까요? 외국인 관광객과 지역 주민들의 안전을 위해 누가 활동할까요? 한국 국민의 생명 및 재산 보호에 대해 알아봅시다.	(PPT #7-8)	10분
	알아두면 좋아요 2	○ **119신고, 이렇게 하면 어렵지 않아요** 화재나 사고 등 긴급한 상황에서 한국어로 소통이 어려울 때 어떻게 해야 할까요? 문자, 앱, 영상 통화 등을 이용하는 119 다매체 신고 서비스에 대해 알아봅시다.	(PPT #9)	5분
정리	내용 정리하기	○ **핵심 내용 정리**	(PPT #10-12)	7분
	함께 이야기 나누기	○ **CCTV, 범죄 예방? 사생활 노출?** 여러분은 CCTV가 범죄를 예방하고 안전을 지키는 데 도움이 된다고 생각합니까? CCTV가 여러분의 생활을 보고 있으면 어떻습니까? CCTV 설치를 확대하는 것에 대해서 찬성하는지, 반대하는지 이야기해 보세요. ○ **다음 차시 예고**	(PPT #13)	8분

학습 내용 정리

01 국민의 건강을 위한 제도에는 무엇이 있을까?

1) 의료 기관 이용 방법

① 한국 의료 기관은 규모, 이용 서비스 범위에 따라 구분

② 1차 병원(의원, 보건소), 2차 병원(병원, 종합병원), 3차 병원(상급 종합 병원)

③ 한의원: 침이나 뜸을 이용한 치료, 한약 처방

④ '접수→진료→수납→약국 방문' 순서

2) 국민 건강 보험

① 국민은 매달 일정 금액의 보험료 납부하고 정부는 진료비, 치료비의 일부를 지원

② 6개월 이상 체류 외국인, 재외 국민도 가입해야 함

③ 건강 보험 가입 시 생애 주기별 건강 검진 가능

02 국민의 안전을 위한 제도에는 무엇이 있을까?

1) 재난 안전 정보

① 국민재난안전포털: 국민에게 재난 정보를 제공

② '안전디딤돌' 앱: 재난 뉴스, 날씨, 재난 안전 정보 이용 및 긴급 신고 가능

③ 안전신문고: 일상생활에서의 위험 요인 신고

2) 생명과 재산 보호

① 한국의 범죄 발생률이 낮음

② 경찰: 한국 거주민, 외국인 관광객 보호

③ 자율 방범대: 지역 범죄 예방

3 국민의 건강과 안전

내용 정리하기 답안

1	의원, 보건소 — 가벼운 증상이 있는 경우 찾아간다. 한의원 — 침이나 뜸을 이용해 치료를 받는다. 종합 병원 — 병이 지속되거나 정밀 검사가 필요할 때 방문한다.	
2	한국에서는 재난이 예상되거나 발생했을 때 모든 국민에게 재난 정보를 제공하고 있다. (○)	한국에서는 '안전신문고' 누리집을 통해 안전 위험요인을 신고할 수 있다. (○)
	한국에서는 외국인 관광객의 안전을 담당하는 관광경찰을 운영하고 있다. (○)	한국에서는 지역 사회 범죄 예방을 위해 오직 경찰만 활동할 수 있다. (×)
3	• 병원 진료 후 약을 구입하기 위해서는 병원에서 받은 (처방전)을 제출해야 한다. • 한국에서는 모든 국민의 병원비와 약값에 대한 부담을 줄이고자 (국민 건강 보험) 제도를 운영하고 있다. • 범죄를 신고하는 전화번호는 (112)이다.	

함께 이야기 나누기 예시 답안

• (예) CCTV 찬성 이유: CCTV는 범죄를 예방하고, 범인을 검거하는 데에도 중요한 단서가 됩니다.
CCTV 반대 이유: 곳곳에 CCTV가 너무 많아 사생활이 노출될 위험이 큽니다. 누군가 나를 계속 보고 있는 느낌이 들어 불편할 때가 많습니다.

한국의 안전 제도에 대해 이야기하기

01 '안전디딤돌' 앱으로 이용할 수 있는 것을 빈칸에 써 봅시다.

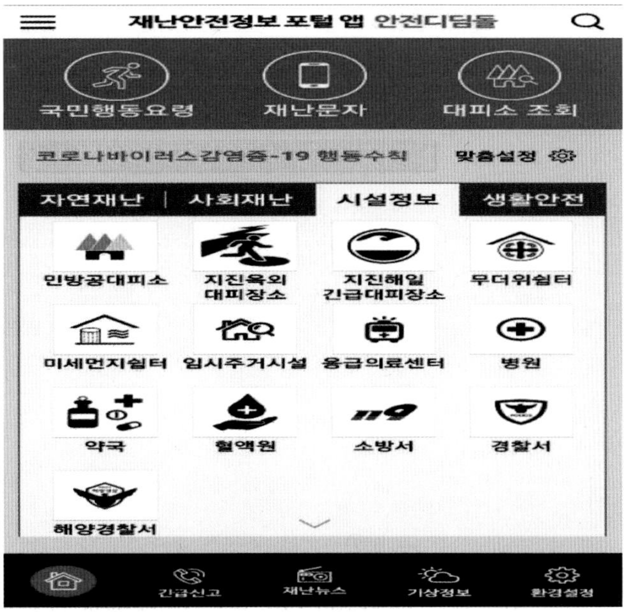

02 여러분이 자주 이용하는 대중교통에 대해 이야기를 나눠 봅시다.

- 알고 있는 긴급 전화:

- 그곳에 전화하는 이유:

도움자료

◉ 한국의 긴급 신고 전화

전화번호	담당 업무	전화번호	담당 업무
119	화재, 응급 환자, 긴급 인명 사고	118	컴퓨터 해킹, 바이러스 등의 사이버 테러
112	범죄	120	지역의 시설물 문제
122	바다에서의 사고	121	수도 고장 등 수돗물 문제
1301	마약	123	전기 고장

심화자료

01 침수 대비 국민행동요령

• 반지하 주택, 지하 역사 · 상가

– 바닥에 물이 조금이라도 차오르거나 하수구 역류 시 즉시 대피

• 지하주차장

– 빗물 유입 시 차량 이동을 금지한다. 확인을 위한 주차장 진입 금지

• 지하 계단

– 물이 조금이라도 흘러 들어오면 즉시 대피(어린이, 노약자)

• 침수 공간 탈출 시

– 외부 수심이 무릎 이상일 경우 여러 명이 힘을 합쳐 문을 열고 신속히 대피

• 침수 계단 탈출 시

– 성인 종아리 높이(약 40cm) 전에, 가급적 운동화 착용 후 신속히 이동(마땅한 신발이 없을 경우, 맨발로 신속 탈출)

• 차량 침수

– 타이어 2/3가 잠기기 전에, 차를 안전한 곳으로 이동하고 침수된 경우 운전석 목받침 철재봉을 이용해 유리창을 깨고 대피

• 침수 차량 탈출 시

– 유리창을 깨지 못한 경우 차량 내 · 외부 수위 차이가 30cm 이하가 될 때까지 기다렸다가 차량 문이 열리는 순간 신속 대피

• 지하차도

– 지하차도 안에 물이 고이기 시작하면 절대 진입하지 않으며, 진입 시 차량을 두고 신속히 대피

[출처] 대한민국 정책브리핑(www.korea.kr)

02 국가건강검진

- 국가건강검진은 당해 연도 끝자리에 따라 격년으로 시행됨. 홀수 연도 출생자는 홀수 해에, 짝수 연도 출생자는 짝수 해에 국가건강검진을 받는 대상자가 됨. 20세 이상 사람들을 대상으로 2년마다 한 번씩 받을 수 있음
- 국가건강검진 항목은 신체측정, 혈액검사, 흉부 방사선 검사, 구강검사, 혈압측정, 시력 및 청력검사, 요검사 등 기본적인 건강 체크를 할 수 있는 항목들이 있으며, 이 항목에 대해서는 건강보험공단이 부담하기에 따로 드는 비용이 없음. 이외에도 간암, 대장암, 위암, 자궁경부암 등의 암 검진도 포함됨
- 어떤 검진을 받아야 하는지 헷갈린다면 국민건강보험공단에서 대상자 조회를 하면 해당 정보를 쉽게 알 수 있음
- 내 주변에 가까운 해당 병원이 연령대와 성별 등 여러 가지 요소를 고려해 맞춤형 검진 프로그램을 진행하는지, 질환이나 이상이 발견된다면 바로 진료받을 수 있는지 등의 연계 서비스, 나의 건강검진 구성에 위, 대장 내시경이 포함되어 있다면 첨단 장비를 갖추고 있는지 미리 확인하는 것이 좋음

[출처] 대한민국 정책브리핑(www.korea.kr)

참고자료

대한민국 정책브리핑
https://www.korea.kr

4 모두가 행복한 삶

교재 40-43쪽

개관

이 차시의 목표는 한국의 복지 정책을 이해하는 것이다. 이를 위해 국민의 행복을 위한 복지 정책 및 생애 주기별 복지 정책과 외국인의 한국 생활 적응 및 건강을 위한 다양한 지원 정책에 대한 내용을 학습한다.

단계		교수 · 학습활동	교수 자료	시간
도입	생각해 보기	○ **한국에서 누릴 수 있는 복지 제도에 대해 이야기하기** 다음은 한국에서 경험할 수 있는 복지 제도의 모습입니다. 이 제도들 중에서 더 알아보고 싶은 복지 제도가 있나요? 여러분이 더 알고 싶은 복지 제도에 대해 자유롭게 이야기해 봅시다.	(PPT #1-2)	4분
	학습목표	○ **학습목표 제시** 1. 국민의 행복을 보장하는 복지 제도를 설명할 수 있다. 2. 국내의 외국인을 위한 다양한 지원 정책을 설명할 수 있다.	(PPT #3)	1분
전개	주제1 (강의)	○ **국민의 행복을 위해** 한국은 무엇을 위해서 복지 정책을 실시할까요? 어떤 사람을 대상으로 복지 정책을 실시할까요? 그리고 어떤 지원을 하고 있을까요? 한국의 복지 정책에 대해 알아봅시다. ○ **생애 주기별 복지 정책** 한국의 복지 정책은 어린아이부터 노인까지 마련되어 있습니다. 생애 주기별로 어떤 정책이 있을까요? 생애 주기별 복지 정책에 대해 알아봅시다.	(PPT #4-5)	10분
	알아두면 좋아요 1	○ **우리 동네 다문화 가족 지원 시설을 찾아라** 우리 동네에는 어떤 지원 시설이 있을까요? '복지로' 앱을 통해 동네에 있는 시설에 대해서 알아봅시다.	(PPT #6)	5분
	주제2 (강의)	○ **한국 생활 적응을 돕기 위해** 한국에서 생활하는 외국인들의 어려움을 해결할 수 있는 곳은 어디일까요? 이를 도와줄 수 있는 '하이코리아'에 대해 알아봅시다. ○ **외국인의 건강을 위해** 한국에 살고 있는 외국인들이 큰 병에 걸리거나 다쳤을 경우에 어떤 도움을 받을 수 있을까요? 외국인의 건강한 삶을 위한 복지 제도에 대해 알아봅시다.	(PPT #7-8)	10분
	알아두면 좋아요 2	○ **다양한 외국인 지원 정책** 한국에서 외국인을 지원하는 정책은 또 무엇이 있을까요? 의료, 행정, 교육 등 외국인의 한국 생활 정착에 필요한 지원 정책에 대해 알아봅시다.	(PPT #9)	5분
정리	내용 정리하기	○ **핵심 내용 정리**	(PPT #10-12)	7분
	함께 이야기 나누기	○ **어려움을 겪고 있는 사람들을 도와주세요!** 여러분 주위에 한국 생활에 어려움이 있는 사람이 있습니까? '복지로'에 글을 쓰면 도움을 받을 수 있습니다. 여러분이 알고 있는 주위 사람들의 이야기를 써 보세요. ○ **다음 차시 예고**	(PPT #13)	8분

학습 내용 정리

01 한국의 복지 정책에는 무엇이 있을까?

1) 국민의 행복을 위한 정책
   ① 생계지원금
   ② 긴급치료지원
2) 생애 주기별 복지 정책
   ① 영아기 · 유아기: 예방 접종, 아동 수당, 다문화 가족 자녀 언어 발달 지원 서비스
   ② 아동기 · 청소년기: 방과 후 초등 돌봄 교실, 방과 후 학교 자유 수강권, 교육 정보화 지원, 지역 아동 센터 지원
   ③ 청년기 · 장년기: 근로 장학금 지원, 행복 주택 공급, 직장 어린이집 설치
   ④ 노년기: 독거노인 · 중증 장애인 지원, 응급 안전 알림 서비스, 치매 치료 관리비 지원

02 외국인을 위한 지원 정책에는 무엇이 있을까?

1) 한국 생활 적응을 돕기 위한 정책
   ① 하이코리아에서 각종 민원 신청, 정보 조회, 출입국 심사, 한국 생활의 유용한 정보 이용 가능
2) 외국인의 건강을 위한 정책
   ① 외국인 근로자와 그 자녀, 결혼이민자와 그 자녀, 난민과 그 자녀를 위한 의료 지원 사업
   ② 감염병 발생 시 무료 검사와 치료 제공

4 모두가 행복한 삶

내용 정리하기 답안

<table>
<tr><td rowspan="1">1</td><td colspan="2">유아 • ── • 아동 수당
초등학생 • ── • 방과 후 돌봄 교실
청년, 장년 • ── • 행복 주택
노인 • ── • 치매 치료 관리비</td></tr>
<tr><td rowspan="2">2</td><td>한국은 생활이 어려운 사람에게 기본적인 생활을 보장하고 있다. (○)</td><td>한국은 갑작스러운 사고나 질병 등에 대비한 복지 정책을 실시하고 있다. (○)</td></tr>
<tr><td>한국의 복지 정책은 노인에게 집중되어 있다. (×)</td><td>외국인의 경우 한국에서 복지 서비스를 받을 수 없다. (×)</td></tr>
<tr><td>3</td><td colspan="2">• 살면서 질병, 사고, 사망 등 갑작스러운 일을 당하면 자신은 물론 가족들마저 삶이 어려워질 수 있다. 이를 대비하기 위해 정부는 (복지 정책)을 통해 국민의 건강과 소득을 보장하고 있다.
• 외국인을 위한 전자정부(하이코리아)는 한국에서 생활하고 있는 외국인들의 각종 민원 신청과 정보 조회, 자동 출입국심사, 한국 생활에 필요한 유용한 정보를 이용할 수 있는 곳이다.</td></tr>
</table>

함께 이야기 나누기 예시 답안

- (예) 제 친구는 같은 나라 남자와 결혼해서 아이가 두 명 있습니다. 아이들이 이제 말을 배우기 시작했는데, 한국어를 제대로 들을 수 있는 기회가 없어 걱정이 많습니다. 어린이집을 알아보고 있지만 부부 모두 한국어가 서툴러 정보를 얻지 못하고 있습니다. 제 친구를 도와줄 수 있는 방법은 무엇인가요?

한국의 복지 제도에 대해 이야기하기

01 아래 그림의 사람은 어떤 지원을 받을 수 있습니까? 빈칸에 써 봅시다.

소득이 매우 적고 생활이 어려운 사람
(   )

02 여러분에게 지금 필요한 복지 정책에 대해 이야기해 봅시다.

도움자료

◉ 정부24 생애주기 서비스

출생(신생아) / 어린이(영유아)	청소년(초, 중, 고)	청년(대학생, 성인)	중장년(직장인/주부/사업자)	노년(노인)
영·유아(0~5세)	아동·청소년(6~18세)	청년(19~34세)	중·장년(35~64세)	어르신(65세 이상)
양육 지원	초등교육(취학)	학업 지원	주택 마련	의료·돌봄
건강·보건	중등교육	교육·훈련	금융 지원	교육·취업
어린이집 보육	청소년 지원	창업 지원	가족·건강	노후 자금
유치원 교육		혼인·출산	혼인·출산	상속
		일자리	일자리	
		이사	이사	

심화자료

01 대한민국 대표 복지포털 복지로

- 복지로는 각 부처의 복지 서비스 정보를 모아 한눈에 볼 수 있도록 제공하고, 맞춤 검색에서 온라인 신청까지 실생활 중심의 복지 정보와 서비스를 제공하는 대한민국 대표 복지포털임
- 주요 서비스
  - 빗물 유입 시 차량 이동을 금지한다. 확인을 위한 주차장 진입 금지
- 지하 계단
  - 맞춤형급여안내(복지멤버십) 가입을 통해 내가 받을 수 있는 복지혜택을 맞춤형으로 안내받을 수 있음
  - 복지자격 정보, 복지 수급 현황, 서비스 신청 현황 등 개인의 복지 현황을 종합적으로 확인할 수 있음
  - 내 상황에 맞는 다양한 복지 서비스를 검색하고, 서비스 정보를 확인할 수 있음
  - 복지 서비스, 민원 서비스, 증명서 발급을 온라인으로 편리하게 신청할 수 있음
  - 사용자의 위치 또는 선택한 지역 지도 기반으로 복지 관련 시설 및 기관 정보를 제공함
  - 나와 이웃의 도움 요청 사연을 작성하여 복지 도움을 받을 수 있음
  - 보건복지부 주관사업에 대한 개인, 기관의 부정수급을 익명 또는 실명으로 신고할 수 있음
- 복지로 앱에서 복지로의 주요 기능을 이용할 수 있음

[출처] 복지로(www.bokjiro.go.kr)

02 복지멤버십

- 복지멤버십은 복지제도를 몰라서 신청하지 못하는 일이 없도록 개인의 소득 · 재산 · 인적 상황을 분석해 받을 수 있는 복지 서비스를 선제적으로 알려주는 제도임
- 복지멤버십은 2022년 전 국민에게 선제적으로 개인별로 가능한 서비스를 찾아서 알려주는 방식으로 확대 개편됐음. 복지멤버십 누적 가입자 수는 8월 말 기준 1천 19만 명(가구 기준 673만 가구)으로, 국민 5명 중 1명꼴로 가입했음. 복지멤버십에 가입하면 기초연금, 부모 급여, 에너지 바우처 등 80종의 복지 서비스 중 소득 · 재산, 연령, 장애 여부, 출산 등 가구 특성에 따라 받을 수 있는 복지 서비스를 문자나 복지로(복지 지갑) 등을 통해 안내받을 수 있음

03 복지멤버십(맞춤형 급여 안내)

- 내가 받을 가능성이 있는 복지 서비스를 생애 중요한 순간마다 '맞춤형'으로 안내해 주는 제도임. 이 제도는 가정양육수당 지원, 보육료 지원, 아이돌봄서비스부터 기초생활 보장 사업, 기초연금, 교육비 지원, 차상위 본인 부담 경감대상자 지원, 산모/신생아 건강관리 지원, 에너지 바우처, 저소득층 요금 할인 등 많은 복지 급여를 포함하고 있음

[출처] 고용노동부(www.moel.go.kr)

참고자료

복지로 www.bokjiro.go.kr
고용노동부 https://www.moel.go.kr/
대한민국 정책브리핑 https://www.korea.kr/

대단원 정리 『한국사회 이모저모』

[기초 1] 교재 46-51쪽

개관

이 차시의 목표는 『한국사회 이모저모』 영역에서 배운 '한국 소개', '편리한 교통과 통신', '국민의 건강과 안전', '모두가 행복한 삶'에 대한 내용을 학습자들이 스스로 정리해 보며, 한국사회의 모습을 알 수 있도록 지원하고 조력한다.

단계		교수 · 학습활동	교수 자료	시간
도입	학습 내용 환기하기	○ **학습 내용 환기하기** 『한국사회 이모저모』 영역에서 배운 '한국 소개', '편리한 교통과 통신', '국민의 건강과 안전', '모두가 행복한 삶'에 대한 내용을 배웠습니다. 새롭게 알게 되었거나 기억나는 내용은 무엇인가요?	(PPT #1)	5분
	대단원 내용 정리	○ **대단원 내용 정리하기** 〈보기〉에서 알맞은 것을 빈칸에 써 보세요. '한국 소개' 빈칸에 들어갈 내용은 무엇인가요? '편리한 교통과 통신' 빈칸에 들어갈 내용은 무엇인가요? '국민의 건강과 안전' 빈칸에 들어갈 내용은 무엇인가요? '모두가 행복한 삶' 빈칸에 들어갈 내용은 무엇인가요?	(PPT #2-3)	10분
전개	스스로 해결하기	○ **과제 확인하기** 스스로 해결하기의 제목은 무엇인가요? 자전거 자물쇠 비밀번호를 알기 위해서는 어떤 문제를 해결해야 하나요? 아래 문제를 풀고 답 옆의 숫자를 순서대로 나열해 보세요. ○ **과제 해결하기** 한국에서 덥고 비가 많이 내리는 계절은 언제인가요? 지하철-버스-마을버스를 몇 분 안에 옮겨 탈 때 요금 할인을 받을 수 있나요? (기본 시간 적용) 가벼운 증상이 있어서 병원에 가려고 합니다. 어떤 병원에 가야 하나요? 다음 중 아동을 위한 복지 정책은 무엇인가요? 순서에 맞게 자전거 자물쇠 번호를 빈칸에 써 봅시다.	(PPT #4)	10분
	스스로 탐구하기	○ **스스로 탐구하기** 스스로 탐구하기의 제목은 무엇인가요? 광역 알뜰 교통 카드는 무엇인가요? 이 카드를 사용하면 무엇이 좋은가요? 왜 도입이 되었나요? 여러분의 고향 나라에서도 대중교통 이용을 장려하는 정책이 있다면 소개해 보세요. 또는 고향에 소개하고 싶은 한국의 대중교통 정책이 있다면 소개해 보세요.	(PPT #5)	10분
	스스로 평가하기	○ **스스로 평가하기** 49쪽에 제시된 문제를 잘 읽고 정답을 맞혀 봅시다. 첫 번째, 〈보기〉에서 한국의 상징에 대한 옳은 설명을 모두 고른 것은 몇 번입니까? 두 번째, 한국의 교통과 통신에 대한 설명으로 옳지 않은 것은 몇 번입니까? 세 번째, 다음에서 설명하는 한국의 사회 보장 제도의 명칭으로 옳은 것은 몇 번입니까? 네 번째, 한국의 생애 주기별 복지 제도를 바르게 짝지은 것은 몇 번입니까?	(PPT #6-9)	10분
정리	화보	○ **화보 살펴보기** 여러분은 한국의 보건 의료가 어떤지 알고 있나요? 경제협력개발기구(OECD)에서는 여러 나라의 보건 통계를 발표합니다. 이 자료로 그 나라의 기대 수명, 보건 의료 이용 상태, 보고 의료 자원, 회피 가능 사망률, 건강 위험 요인 등을 알 수 있습니다. 여러분은 고향 나라의 보건 의료 수준을 알고 있나요? 스마트폰으로 자신의 고향 나라 보건 통계(기대 수명, 의사 수, 침상 수, 흡연율 등)를 조사하여 한국의 보건 통계와 비교해 소개해 볼까요?	(PPT #10-11)	5분

대단원 내용 정리 답안

1. 한국 소개	• 태극기, 무궁화	• 서울, 대통령제
2. 편리한 교통과 통신	• 고속철도	• 모바일 페이
3. 국민의 건강과 안전	• 국민건강보험	• 국민재난안전포털
4. 모두가 행복한 삶	• 건강과 소득	• 하이코리아

스스로 해결하기 답안

• 비밀번호를 찾아라!

1. 첫 번째 번호: 3(여름)
2. 두 번째 번호: 4(30분)
3. 세 번째 번호: 7(동네 의원)
4. 네 번째 번호: 6(방과 후 초등 돌봄 교실)

비밀번호 →

3	4	7	6

스스로 탐구하기 예시 답안

• 광역 알뜰 교통카드

(예) 환승 제도를 도입하고 싶습니다. 대중교통이 발달한 도시에서는 매우 유용하게 활용될 수 있는 정책이라고 생각합니다.

스스로 평가하기 답안

1. ③ 2. ② 3. ④ 4. ④

1. (정답 해설)	ㄱ. 한국의 국화는 무궁화이다. ㄹ. 국새와 나라 문장도 한국의 상징에 포함된다.
2. (정답 해설)	② 오토바이는 대중교통에 해당되지 않는다.
3. (정답 해설)	① 건강검진 : 국민 건강 보험에 가입하여 생애 주기별 건강 검진을 받을 수 있다. ② 안전신문고 : 안전위험 요인을 신고할 수 있는 제도이다. ③ 자율 방범대 : 지역 사회 범죄 예방을 위해 주민 스스로 조직한 단체이다.
4. (정답 해설)	ㄱ. 유아기 - 아동 수당 ㄷ. 장년기 - 행복 주택

5 한국의 대중문화

[기초 1] 교재 54-61쪽

개관

이 차시의 목표는 한국의 대중문화 종류와 특징을 이해하고, 세계인들이 좋아하는 한국 대중문화를 설명하는 것이다. 이를 위해 대중음악, 스포츠 관람, 영화와 드라마, 한류의 과거와 현재, 한류의 미래에 대한 내용을 학습한다.

단계		교수 · 학습활동	교수 자료	시간
도입	생각해 보기	ㅇ **대중문화와 관련된 학습자의 경험 물어보기** 자신의 고향 나라에서 인기 있는 대중문화에 대해 이야기해 봅시다.	(PPT #1-2)	4분
	학습목표	ㅇ **학습목표 제시** 1. 한국의 대중문화 종류와 특징을 설명할 수 있다. 2. 세계인들이 좋아하는 한국 대중문화를 설명할 수 있다.	(PPT #3)	1분
전개	주제1 (강의)	ㅇ **대중음악과 스포츠** 많은 사람이 즐기고 누리는 문화를 무엇이라고 할까요? 음악, 영화, 드라마, 애니메이션, 게임, 스포츠, 패션과 뷰티 등 다양한 영역의 대중문화는 매체를 통해 형성되고 대중의 반응을 수용하며 발전하여 영향력을 미칩니다. ㅇ **영화와 드라마** 한국의 대중문화는 다양한 양상을 보입니다. K-POP은 독특한 음악과 안무, 비주얼로 전 세계의 인기를 끌고 있습니다. 한국의 드라마와 영화는 감동적인 스토리텔링과 배우들의 연기력을 통해 세계적으로 사랑받고 있습니다. 또한, 웹툰은 디지털 미디어로서 그림과 스토리를 통해 독자들에게 새로운 경험을 제공하며, 한국의 음식과 패션은 전통과 현대가 결합된 독특한 매력을 지니고 있습니다.	(PPT #4-5)	10분
	알아두면 좋아요 1	ㅇ **문화가 있는 수요일** 한국에서는 수요일을 '문화가 있는 날'로 지정해, 사람들이 다양한 문화활동에 쉽게 참여할 수 있도록 하고 있습니다. 이날은 전국의 미술관, 박물관, 공연장 등이 무료 혹은 할인된 가격으로 문을 열어줍니다. 문화 예술의 가치를 인식하고, 생활 속에서 문화를 더 즐길 수 있게 하는 중요한 날입니다.	(PPT #6)	5분
	주제2 (강의)	ㅇ **한류의 과거와 현재** 고향 나라에서부터 알고 있었던 '한국'의 드라마, 영화나 음악이 있나요? 한류에 대해 들어본 적이 있나요? 자신의 고향 나라 사람들은 한국 대중문화에 대해 관심을 많이 갖고 있나요? ㅇ **한류의 확대** 'K-POP'이 세계에서 인기 있는 이유는 무엇일까요? 외국인들은 어떤 한식을 좋아하나요? OTT서비스를 기반으로 제작된 드라마에 출연한 한국 스타들의 화장법이나 패션을 좋아하는 사람들도 늘어나고 있습니다.	(PPT #7-8)	10분
	알아두면 좋아요 2	ㅇ **인천국제공항에서 즐기는 한국의 전통문화** 인천국제공항에서는 궁중 왕실 공연, 국악 공연, 수문장 교대식과 같은 한국의 전통문화와 관련된 행사를 관람할 수 있습니다. 한복 입어보기 체험과 같은 프로그램도 운영하고 있습니다.	(PPT #9)	5분
정리	내용 정리하기	ㅇ **핵심 내용 정리**	(PPT #10-12)	7분
	함께 이야기 나누기	ㅇ **한국인에게 사랑 받은 한국영화에 대해 알아보기** 한국의 영화 시장에서는 단순히 스타 배우가 출연하는 것만으로는 영화의 흥행을 보장하기 어렵습니다. 이 때문에, 세계적으로 개봉 예정인 외국 영화들은 때때로 한국에서 먼저 개봉하여 시장 반응을 파악하는 경우가 많습니다. 이는 한국의 영화 소비자들의 선택 기준이 뚜렷하고 세밀하다는 것을 반영하는 현상입니다.	(PPT #13)	8분

학습 내용 정리

01 한국의 대중문화는 어떤 특징을 가지고 있을까?

1) 대중매체와 대중문화의 관계
   ① 대중문화의 형성과 발전에 중추적인 역할, 콘텐츠의 전파와 확장 수단으로 기여하는 대중매체
   ② 대중매체는 문화 콘텐츠 수용 반응 촉진에 기여하는 역할을 함께 하고 있음
2) 한국 대중문화의 종류와 특징
   ① K-POP, 드라마, 영화, 웹툰, 게임, 뷰티, 패션 등 다양한 영역에 분포함
   ② 전통과 현대의 조화를 추구하여 문화적 정체성을 공고히 하며 다양한 분야에서의 국제적인 성과를 포함한 문화 산업의 경쟁력을 갖춤

02 한류 현상은 어떤 영향력을 가지고 있을까?

1) 한류 현상에 대한 이해
   ① OTT 서비스를 창구로 한국 제작 콘텐츠의 세계화 가속
   ② 한류 콘텐츠를 바탕으로 한 음식, 패션을 포함하는 다양한 생활 양식의 확산
2) 세계인이 좋아하는 한국 대중문화
   ① 화려한 안무와 다양한 음악적 정체성을 지닌 K-POP 아이돌의 해외 팬덤 문화
   ② 독특한 스토리텔링과 소재, 높은 완성도의 한국 드라마와 영화
   ③ 뷰티, 패션, 음식 등 대중매체 이외의 분야에서 나타나는 확장성

5 한국의 대중문화

내용 정리하기 답안

<table>
<tr><td rowspan="1">1</td><td colspan="2">
• ———————— • K-POP

• ———————— • K-패션

• (K-웹툰과 연결) • K-뷰티

• (K-뷰티와 연결) • K-웹툰</td></tr>
<tr><td rowspan="2">2</td><td>한국의 대중음악은 트로트, 록, 발라드, 댄스, 힙합 등 다양성을 지닌다. (○)</td><td>한국 사람들은 스포츠 관람을 즐긴다. (○)</td></tr>
<tr><td>한국에서는 주로 주말에만 영화관에서 영화를 볼 수 있다. (×)</td><td>2000년대 이후 다양한 나라 출신으로 이루어진 아이돌 그룹이 세계적인 인기를 끌고 있다. (○)</td></tr>
<tr><td rowspan="2">3</td><td colspan="2">• 한국 사람들은 스포츠 관람을 즐긴다. 봄부터 가을까지는 프로 야구와 프로 축구 관람을 많이 하고, 가을과 겨울에는 (프로 농구)와 (프로 배구) 관람을 즐기는 사람들이 많다.</td></tr>
<tr><td colspan="2">• (한류)란 한국의 대중문화가 해외에서 유행하는 것을 말한다.</td></tr>
</table>

함께 이야기 나누기 예시 답안

• (예) '스카이캐슬'이라는 드라마를 보았습니다. 한국의 교육열을 느낄 수 있었습니다.
• (예) ★★★★★
• (예) 친구가 재미있다고 소개해 주었습니다.
• (예) 오직 1등을 위해 살았던 가족 모두가 결국 불행해지는 장면입니다.
• (예) 한국의 문화를 잘 반영하고, 배우들의 연기력이 매우 훌륭합니다.

고향 나라와 한국의 대중문화 비교하기

01 자신의 고향 나라에서 인기 있는 음악과 한국에서 인기 있는 음악을 비교해 봅시다.

공통점	
차이점	

02 자신의 고향 나라 학교나 한국에서 접한 대중문화 중 가장 기억에 남는 콘텐츠에 대해 이야기를 나눠 봅시다.

도움자료

⊙ 글로벌 한류 트렌드, KOFICE 한국국제문화교류진흥원 조사연구자료 (https://kofice.or.kr/)

- 해외 한류 실태 조사를 기반으로 여러 해외 국가의 한류 인식, 소비 실태, 파급 효과 등 현황을 분석한 자료로, 국외에서 한국 콘텐츠를 어떻게 인식하고 있는지 살펴볼 수 있음
- 〈오징어 게임〉의 기록적 흥행은 우선 언어나 문화와 관계없이 직관적으로 이해가 가능한 단순하고 시각적인 게임 위주로 구성된 플롯에 기반한다. (중략) 아이돌 그룹 멤버 구성부터 해외 전문가들과의 협업까지 K-POP 콘텐츠 제작과 유통 전 과정에서 초국적 요소는 선택이 아니라 필수가 됐다. (중략) 개별 K-POP 가수/그룹의 국내외 팬덤 크기와 충성도를 가늠할 수 있는 지표인 앨범 초동 순위를 살펴보면 상위 30위권 앨범 중 다섯 작품만 발매된 지 2년 이상 된 타이틀임을 알 수 있다.

심화자료

01 글로벌 시장에서의 K-POP

- 최근 5년간 K-POP 음반 수출액은 5배 이상 증가하였으며, 코로나19 엔데믹 이후의 해외 투어 공연 규모도 크게 성장함
- 유튜브를 통해 K-POP을 가장 많이 소비한 지역은 아시아 지역의 수치가 가장 높고 남미, 유럽, 북미, 아프리카, 오세아니아 순으로 대륙별 관심도를 확인할 수 있음
- 인기 있는 아이돌 그룹의 경우 음반 발매 첫 주에 200만 장 이상 판매하는 경우가 드물지 않으며, K-POP 팬덤은 앨범 구매를 음악 감상의 목적뿐만이 아닌, 앨범 속 포토카드 수집을 비롯하여 팬덤의 규모와 세력을 증명하는 수단으로 인식함
- 스마트폰으로 음악을 감상하는 환경에서 유행하는 음악의 주기가 자주 바뀌며, 틱톡, 쇼츠, 릴스 등 숏폼에서 선호하는 장르와 길이의 음악이 대세를 이루고 있음

[출처] KOCCA 포커스 통권 159호, 2023

02 일본 Z세대의 한국 여행 놀이

- 최근 일본의 젊은층 사이에서 일본 내에서 한국 여행 기분을 만끽하는 '한국 여행 놀이(渡韓ごっこ)'가 유행하고 있음
- 한국 여행을 간접적으로 체험하기 위해 호텔에서 숙박 파티를 즐기는 모습을 각종 SNS로 공유함
- 일본에서 한국의 분위기를 연출한 사진을 찍어 SNS에 게시하는 활동을 '한국풍' 또는 '한국 여행 놀이'라고 하며, 지난 2월 일본 KBC News 방송에서도 소개돼 일본 Z세대의 트렌드로 크게 주목받고 있음

[출처] KOTRA 트렌드리포트, 2022

03 문화 다양성을 위해 노력하는 한국 콘텐츠

- 유엔(UN)이 지정한 '세계 문화 다양성의 날(5월 21일)'부터 1주일간 문화적 표현의 다양성을 보호하고 증진하기 위해 문화다양성 주간이 운영되고 있음

- 텔레비전, 라디오 방송뿐만 아니라 온라인 서점, OTT 플랫폼, 음원 스트리밍 사이트 등에서 영화, 드라마, 도서, 음악 등 여러 영역에서의 문화 다양성의 가치를 담은 작품을 소개함
- 방송 업계에서는 제작 콘텐츠의 다양성과 타문화에 대한 문화적 감수성 제고뿐만 아니라, 내부 직원과 결정권자의 구성에서도 다양성을 고려해야 한다는 논의가 시작됨
- 게임 업계에서도 다양성 포용의 가치 관련 부서를 설립하고 인종과 배경이 다양한 글로벌 유저의 문화를 고려하여 게임 서비스를 제공하는 방침을 논의하고 있음

[출처] 한국국제문화교류진흥원 한류백서, 2022

6 휴식이 있는 삶

[기초 1] 교재 62-69쪽

개관

이 차시의 목표는 한국인의 일상적인 여가 생활의 특징에 대해 설명하고, 계절 및 지역별로 어떤 즐길 거리가 있는지 조사하는 것이다. 이를 위해 한국인의 여가 형태, 계절별 축제, 지역별 대표 음식에 대한 내용을 학습한다.

단계		교수 · 학습활동	교수 자료	시간
도입	생각해 보기	○ **여가와 관련된 학습자의 경험 물어보기** 자신의 고향 나라에서는 여가 시간에 사람들이 무엇을 하고 지내는지 자유롭게 이야기해 봅시다.	(PPT #1-2)	4분
	학습목표	○ **학습목표 제시** 1. 한국인의 여가 생활은 어떤 특징이 있는지 설명할 수 있다. 2. 한국에는 계절별, 지역별로 어떤 즐길 거리가 있는지 조사할 수 있다.	(PPT #3)	1분
전개	주제1 (강의)	○ **한국인의 일상 여가 시간 알아보기** 한국 사람들은 어떤 활동으로 자신들의 여가 시간을 즐길까요? 일을 마치고 난 후 3~5시간 정도를 여가 활동에 쓰고 있으며, TV 시청이나 인터넷 검색, 게임 등 실내 여가 활동의 비중이 높지만 산책, 운동, 스포츠 경기 관람과 같은 실외 여가 활동을 즐기는 사람들도 많습니다. 최근 한국에서는 일과 여가의 균형을 중요하게 여기는 사람이 늘고 있습니다. ○ **한국의 휴가 문화 설명하기** 여름의 가장 더운 시기인 7월과 8월에는 많은 한국인들이 여유를 즐기기 위해 국내외로 휴가를 떠나는데요. 이러한 기간을 성수기라고 합니다. 성수기의 휴가지 항공료와 숙박비가 상승하는 경향이 있습니다. 최근에는 SNS나 인터넷 검색을 통해 개인적인 취향에 맞는 작은 규모의 여행지를 찾는 경향도 보입니다. 고향 나라의 휴가 문화는 어떤지, 그리고 한국의 휴가 문화와 어떤 차이점과 공통점이 있는지 이야기해 봅시다.	(PPT #4-5)	10분
	알아두면 좋아요 1	○ **나에게 맞는 캠핑 방식 찾아보기** 최근 한국에서는 텐트를 치고 야외에서 숙박하는 방식뿐만 아니라 오토캠핑, 글램핑, 카라반, 차박 등 여러 형태의 캠핑이 유행하고 있습니다.	(PPT #6)	5분
	주제2 (강의)	○ **한국의 계절 축제 살펴보기** 한국은 계절마다 날씨 차이가 뚜렷하여 계절별로 다양한 축제를 개최하고 있습니다. 지역의 지리적 특색에 따라 도시, 전통 유적지, 산지, 해변에서 즐길 수 있는 어떤 다양한 축제들이 있을까요? ○ **한국의 지역 음식 검색하기** 한국에서는 지역마다 특색 있는 식재료를 사용한 대표 음식을 쉽게 찾아볼 수 있습니다. 지역 축제에서도 경험할 수 있는 먹거리가 다양합니다. 친구나 가족과 함께 먹어보고 싶은 한국의 지역 음식을 찾아봅시다.	(PPT #7-8)	10분
	알아두면 좋아요 2	○ **함께 떠나는 시티투어 알아보기** 시티투어를 운영하는 지역에 방문하면 투어버스를 이용하여 그 지역의 주요 관광지를 방문할 수 있습니다. 서울, 부산, 인천, 대구, 대전, 울산, 제주, 경주, 강릉, 춘천, 속초, 여수, 순천 등 시티투어를 운영하는 여러 지역 중 내가 방문하고 싶은 도시의 투어 이용 방법을 검색해 봅시다.	(PPT #9)	5분
정리	내용 정리하기	○ **핵심 내용 정리**	(PPT #10-12)	7분
	함께 이야기 나누기	○ **여가 시간 계획하기** 주위 사람들과 여가 시간에 주로 무엇을 하는지, 어느 정도 시간을 여가에 쓰는지, 누구와 함께 여가 시간을 보내는지를 주제로 이야기를 나누어봅시다. 또 한국에서 방문해 보고 싶은 여행지, 또는 방문해 본 여행지 중 추천할 지역을 찾아 정리해 봅시다.	(PPT #13)	8분

학습 내용 정리

01 한국인은 여가를 어떻게 보낼까?

1) 재충전의 시간

① 여가 활동의 중요성이 점점 더 높아지고 있는 한국 사회

② 한국인의 주 여가활동 순위: TV 시청 – 미디어 이용 – 게임 – 산책 및 걷기 – 대화 – 운동 – 음악 감상

2) 휴가

① 7~8월 더운 여름에 휴가를 떠나는 사람이 많음

① 유명 관광지나 해수욕장뿐만 아니라 규모가 작은 새로운 여행지를 찾는 사람이 늘고 있음

02 한국에서 즐길 거리는 무엇이 있을까?

1) 계절별 축제

① 계절과 지리적 특색을 즐길 수 있는 다양한 지역 축제

② 서울 여의도 벚꽃 축제, 경북 의성 산수유 축제, 전남 장흥 물 축제, 충남 보령 머드 축제, 충북 속리산 단풍 축제, 경남 하동 코스모스 축제, 경기 이천 쌀 문화 축제, 여의도 불꽃 축제 등의 축제가 열림

2) 지역별 대표 음식

① 지역별 대표 음식: 수원 갈비, 전주 비빔밥, 제주 고기국수, 정선 곤드레밥, 동래 파전 등

② 고속도로 휴게소 유명 음식: 망향휴게소 닭개장, 곡성휴게소 흑돼지 김치찌개, 청송휴게소 사과 돈가스 등

6 휴식이 있는 삶

내용 정리하기 답안

1	봄 — 꽃놀이 여름 — 해수욕 가을 — 단풍놀이 겨울 — 스키	
2	한국인이 여가 시간에 가장 많이 하는 활동은 TV 시청이다. (○)	한국인은 여가 시간이 충분하다고 생각한다. (×)
	한국인이 여가 활동을 하는 가장 큰 목적은 자신의 건강을 위해서다. (×)	무더운 7월과 8월은 대다수 한국인의 여름휴가 기간으로 항공료나 숙박비가 싸다. (×)
3	• 한국은 사계절이 있어 1년 내내 즐길 거리가 많다. (봄)에는 꽃놀이를 즐기고, (여름)에는 산과 바다로 휴가를 떠난다. (가을)에는 단풍놀이를, (겨울)에는 스키를 타거나 얼음 위에서 낚시를 즐긴다.	
	• 지역별 대표 음식을 고속도로 (휴게소)에서도 맛볼 수 있다.	

함께 이야기 나누기 예시 답안

• (예) 나 - 스마트폰 인터넷 검색, 친구랑 전화 통화, SNS, 청소
• (예) 1위 전주 - 한복을 입고 한옥 마을을 구경한 뒤, 전통 한옥에서 하룻밤 지내고 싶습니다. 2위 제주 - 제주도의 봄이 매우 아름답다고 들은 적이 있어 가 보고 싶습니다. 3위 평창 - 2018 동계 올림픽이 열렸던 곳이라 가 보고 싶습니다.

한국의 관광지에 대해 이야기 나누기

01 아래의 규칙을 읽고 한국의 다양한 여행지를 주제로 '단어 맞히기 게임'에 참여해봅시다.

〈단어 맞히기 게임 규칙〉

1. 단어 맞히기 게임은 단어를 설명하고 맞히는 게임이에요. 모든 학생들이 같은 주제에 대한 단어를 알고 있지만, 한 명은 그 단어를 모르는 상태에서 시작해요. 그 한 명은 '술래'가 됩니다.
2. 먼저, 선생님이 주제를 선정하고, 단어를 쓴 쪽지를 모두에게 나누어 줍니다. 단, '술래'는 단어가 적혀있지 않은 쪽지를 받게 됩니다. 그럼 술래는 주제에 맞는 제시어가 무엇인지 알아내려고 다른 사람들의 이야기를 잘 들어야 합니다.
3. 차례대로 한 사람씩 쪽지에 적힌 단어에 대한 설명을 하게 됩니다. 단어를 아는 사람들은 술래에게 단어를 들키지 않는 동시에 자신이 술래가 아니라는 것을 다른 사람에게 증명할 수 있도록 설명해야 해요.
4. 모든 사람이 한 번씩 이야기한 후, 누가 술래인지 추측하여 투표를 합니다. 가장 많은 표를 받은 사람이 술래라는 것이 밝혀지면 그 사람에게는 쪽지에 적힌 단어를 맞히는 기회가 주어집니다.
5. 술래가 단어를 맞히면 술래의 승리, 못 맞추면 다른 사람들의 승리가 됩니다.

02 '단어 맞추기 게임'에서 나온 여행지에서 유명한 볼거리, 즐길 거리, 먹을 거리를 찾아봅시다.

도움자료

◉ 아래의 웹사이트와 영상을 활용하여 한국의 관광지를 살펴볼 수 있습니다.

한국관광공사 VISIT KOREA YEAR
https://www.visitkorea.or.kr/

Feel the Rhythm of KOREA
https://www.youtube.com/@imagineyourkorea

경주 안동

인천

전주

전주

심화자료

01 여가의 의미

- 일하고 남은 시간에서 생리적 필수 시간을 제외한 자유 시간을 의미하며, 직업상의 일, 필수적인 가사 일, 수업 등과 같은 의무적인 활동 이외에 스포츠, 취미, 휴양 등의 활동에 할애되는 개인이 자기 뜻대로 자유롭게 이용할 수 있는 시간

[출처] 2022 국민 여가활동조사 보고서, 문화체육관광부

02 일과 삶의 균형

- '일'과 '일 이외의 삶의 영역'에 자신의 시간과 에너지를 적절히 분배함으로써 삶을 스스로 통제하고 조절할 수 있고 삶에 대해 만족감을 느끼는 상태 또는 이를 위한 적극적 실천을 뜻함
- 현대 사회는 노동보다는 여가 중심의 사회로 전환되고 있기 때문에 여가를 통해 삶의 질을 향상시키는 것이 점점 더 중요하게 여겨지고 있음
- 일 중심 문화에서 벗어나 일과 삶의 균형을 추구하는 방향으로 인식이 변화하고 있으며 이를 통해 노동 생산성 또한 함께 향상될 수 있음

03 여가 활동에 대한 인식과 영향

- 여가 활동의 필수성 인식
  - 2016년부터 2021년까지 국민 대다수가 여가 활동을 '삶의 필수적인 요건'이라고 인식함
  - 인식 비율: 2016년 88.6%, 2018년 86.6%, 2019년 85.8%, 2020년 88.0%, 2021년 86.1%
- 여가 활동의 긍정적 영향
  - 꾸준히 90% 가량이 여가 활동이 삶에 긍정적인 영향을 준다고 생각함
  - 인식 비율: 2016년 91.7%, 2018년 89.1%, 2019년 89.7%, 2020년 90.9%, 2021년 89.3%
- 일(학업)과 여가의 균형
  - 젊은 세대일수록 여가 활동을 삶의 필수적 요건으로 높게 인식함
  - 일과 여가의 균형 인식이 꾸준히 증가: 2016년 35.5%에서 2021년 43.8%로 상승함
  - 코로나19 이후에도 이 균형 인식은 계속 상승하고 있음

[출처] 2022 여가백서, 문화체육관광부

04 문화 다양성을 위해 노력하는 한국 콘텐츠

- 대한민국 구석구석 https://korean.visitkorea.or.kr/
  - 한국관광공사가 운영하는 국내 여행 정보 서비스로, 여행지의 다양한 지역의 축제 일정과 주요 관광지, 여행지도, 테마별 여행 코스 추천과 같은 정보를 얻을 수 있음

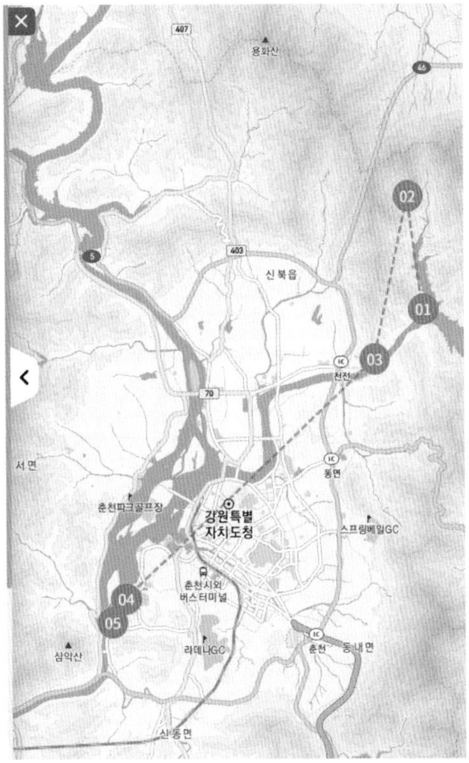

7 한국의 보육과 학교 교육

[기초 1] 교재 70-77쪽

개관

이 차시의 목표는 한국 보육 서비스의 특징과 한국 학교 교육의 특징을 설명하는 것이다. 이를 위해 보육기관의 종류와 이용 방법, 다양한 보육 서비스, 한국의 교육 제도와 교육 과정, 초등 교육, 중등 교육에 대한 내용을 학습한다.

단계		교수 · 학습활동	교수 자료	시간
도입	생각해 보기	○ 한국의 보육과 교육 다음은 한국의 어린이와 학생들이 보육기관과 학교에서 공부하고 생활하는 모습입니다. 여러분의 주변에 보육기관이나 학교에 다니고 있는 어린이, 청소년이 있나요? 이들이 보육기관과 학교에서 무엇을 배우고 얻는지 함께 알아봅시다.	(PPT #1-2)	4분
	학습목표	○ 학습목표 제시 1. 한국 보육 서비스의 특징을 설명할 수 있다. 2. 한국 학교 교육의 특징을 설명할 수 있다.	(PPT #3)	1분
전개	주제1 (강의)	○ 보육기관의 종류와 이용방법 한국의 주요한 보육 및 교육 시설에는 무엇이 있을까요? 어린이집은 초등학교 입학 전까지 이용할 수 있으며, 3살부터는 유치원을 이용할 수도 있습니다. 이 두 시설 모두 3~5세 사이의 아이들에게는 '누리 과정'이라는 통합된 교육 과정을 제공합니다. ○ 다양한 보육 서비스 한국에서는 전국의 행정 복지 센터를 통해 유치원 및 어린이집에 지불하는 보육료나 양육 수당과 같은 다양한 지원을 신청할 수 있습니다. 또, 12세 이하의 아이를 대상으로 아이 돌봄 서비스도 제공되어 부모들의 부담을 줄여줍니다.	(PPT #4-5)	10분
	알아두면 좋아요 1	○ 유치원에서도 다문화 교육이 이루어진다 다문화 유아를 위해 언어 지원 및 맞춤형 교육이 이루어지는 다문화 유치원에 대해 함께 알아봅시다.	(PPT #6)	5분
	주제2 (강의)	○ 한국의 교육 제도와 교육 과정 한국의 학생들은 초등학교와 중학교에서 의무 교육을 받은 뒤 진학하는 학교는 무엇일까요? 고등학교를 졸업한 학생들은 필요와 적성에 따라 대학에 가서 공부를 이어가기도 합니다. ○ 초등 교육 초등학교에서는 교과 학습뿐만 아니라, 여러 스포츠 활동이나 진로와 관련된 교육을 받을 수 있습니다. 학년에 따라 다르지만 대개 하루에 4~6개의 수업을 듣습니다. ○ 중등 교육 중학교에서는 초등학교보다 조금 더 다양한 교과를 배우고, 수업 시간 역시 조금 더 길어집니다. 중학교 과정을 마친 뒤에는 적성을 고려하여 이에 맞는 고등학교에 진학하고, 대학까지 학업을 이어가기도 합니다.	(PPT #7-8)	10분
	알아두면 좋아요 2	○ 한국어가 좀 서투르면 어때요? 선생님과 즐겁게 배워 다문화 가정의 학생들이 학교생활에 잘 적응할 수 있도록 언어와 학습을 지원하는 제도가 운영되고 있습니다. 필요한 도움을 얻을 수 있도록 지역 다문화교육 지원 센터를 방문할 수도 있습니다.	(PPT #9)	5분
정리	내용 정리하기	○ 핵심 내용 정리	(PPT #10-12)	7분
	함께 이야기 나누기	○ 한국의 입시 풍경 고등학교까지의 과정을 마치고 대학에 진학하는 학생들은 매년 11월 중순경 치러지는 대학수학능력시험을 보게 됩니다. 시험을 보는 학생들을 위해 모두가 조심스러워지는 하루인 '수능'에 대해 살펴봅시다.	(PPT #13)	8분

학습 내용 정리

01 한국의 보육 제도는 어떤 모습일까?

1) 보육 기관의 종류와 이용방법
   ① 어린이집 : 태어나서부터 초등학교 입학 전부터 이용 가능
   ② 유치원 : 3세부터 이용 가능
2) 다양한 보육 서비스
   ① 영유아 보육료, 유아 학비, 양육 수당 등으로 보육을 위한 다양한 금전적 지원이 이루어짐
   ② 맞벌이 가정 등의 12세 이하 자녀 대상으로 아이 돌보미가 아이 돌봄 서비스를 제공함

02 한국의 학교 교육제도는 어떤 모습일까?

1) 한국의 교육 제도와 교육 과정
   ① 초등학교 6년, 중학교 3년, 고등학교 3년, 총 12년으로 이루어져 있음
   ② 여름방학을 기준으로 1학기와 2학기로 나누어 학년을 운영함
2) 초등 교육
   ① 국적과 체류 자격과 관계없이 6세에 입학할 수 있음
   ② 40분의 수업 시간과 10분의 쉬는 시간으로 일과시간이 나누어짐
   ③ 기초 학습 능력과 생활 습관을 키우는 것을 목표로 함
3) 중등 교육
   ① 초등학교 졸업 이후 거리를 기준으로 중학교에 배정받을 수 있음
   ② 고등학교 진학 후 학업을 이어가는 학생은 대학교에 입학하며, 대학에 진학하지 않고 취업을 준비하기도 함

7 한국의 보육과 학교 교육

내용 정리하기 답안

1	어린이집 — 0세부터 초등학교 입학 전까지 이용한다. 유치원 — 3세부터 초등학교 입학 전까지 이용한다. 누리 과정 — 3~5세의 어린이를 위한 공통 교육 과정이다. 평가 인증 — 보육의 질을 관리하기 위해 정부에서 실시한다.	
2	한국에서 초등학교부터 고등학교까지는 의무교육 기간이다. (×)	일반적으로 한국 학교의 여름방학은 겨울방학보다 길다. (×)
	한국에서는 국적이나 체류 조건과 관계없이 초등학교 입학이 가능하다. (○)	한국에서는 초등학교를 졸업하면 시험을 치르고 원하는 중학교에 입학한다. (×)
3	• 한국에서는 부모의 육아 부담을 줄여 주기 위해 여러 가지 (보육) 서비스를 제공하고 있다.	
	• 한국의 초중고 학교 교육은 초등학교 (6)년, 중학교 (3)년, 고등학교 (3)년으로 구성되어 있다.	

함께 이야기 나누기 예시 답안

- (예) 듣기 평가 시간에 비행기가 이착륙을 못한다는 것이 신기합니다.
- (예) 1중국에는 '가오카오'라는 시험이 있습니다. 호적에 등록된 주소지에 가서 시험에 응시해야 하는 특정이 있습니다. 시험을 잘 보라고 '중쯔'를 선물하는데 합격을 뜻하는 중(中)과 발음이 같기 때문입니다.

한국과 고향 나라의 교육 제도에 대해 이야기하기

01 한국의 초 · 중 · 고 · 대학교와 학교별 교육이 이루어지는 수업 연한을 바르게 연결지어 봅시다.

초등학교 •

• 3

중학교 •

• 4

고등학교 •

• 6

대학교 •

02 한국의 교육 제도와 비교했을 때 고향 나라의 학제는 어떻게 이루어져 있는지 이야기 나누어 봅시다.

한국	
고향 나라	

도움자료

◉ 한국의 교육체계

학교제도		연령	학교	기간
유아교육		3~5세	유치원	2~3년
초등교육	의무교육	6~11세	초등학교	6년
중등교육	의무교육	12~14세	중학교	3년
	-	15~17세	고등학교	3년
고등교육		18세 이상	대학교, 전문대학	대학교(4년), 전문대학(2~3년)
			대학교	2~5년

심화자료

01 세계 여러 나라들의 대학 입학 시험

- 중국
  - 1952년에 시작된 가오카오는 어문 · 수학 · 외국어 · 3과목의 선택과목으로 구성되어 지역별로 점수 배분과 채점방식을 달리함. 모든 수험생은 거주지에 상관없이 호적이 있는 곳에서 시험을 치러야야 함
- 일본
  - 시험 과목은 국어 · 지리 · 역사 · 수학 · 외국어 · 이과 등으로 문과/이과에 따라 응시하는 과목의 차이가 있음. 국공립 대학은 센터시험, 사립 대학은 본 고사 성적이 필수적으로 요구됨
- 베트남
  - 고교생과 재수생이 별도의 대입시험을 치르며, 문학 · 수학 · 외국어 · 자연과학 또는 사회과학으로 총 네 과목의 시험을 치름
- 미국
  - 수학, 독해, 에세이를 테스트하는 SAT와 영어, 읽기, 수학, 과학, 선택과목(에세이)을 출제하는 ACT 중 하나의 시험을 선택하여 대학에 시험 점수를 제출할 수 있음
- 영국
  - 한 번의 시험으로 성적을 결정하는 것이 아닌 2년 동안 이수한 교과과정 전체의 성적을 종합하는 A-level 제도가 있음

02 다문화 교육 센터 (중앙다문화교육센터 홈페이지)

- 무지개 청소년 센터
  - 이주 배경 청소년에게 한국 사회에 대한 기본 정보, 한국어 교육, 사회적 관계 향상 및 심리정서지원 프로그램 제공
- 서울 글로벌 청소년 센터
  - 중도입국 청소년 지원 기관으로 한국어교육, 학습 지원, 적응 지원 프로그램 운영
- LG와 함께하는 사랑의 다문화 학교
  - 다문화가정 자녀의 이중언어교육을 통해 환경이 가지는 이점을 살리는 언어교육과정(2년) 운영

03 문화 다양성을 위해 노력하는 한국 콘텐츠

유형	목적	종류
일반고등학교	다양한 분야에 걸쳐 일반적인 내용을 교육하는 고등학교	일반고등학교
특성화고등학교	소질과 적성, 능력이 유사한 학생을 대상으로 특정 분야의 전문인으로 양성하기 위한 학교	공업고등학교, 정보고등학교, 농업고등학교, 상업고등학교
특수목적고등학교	특수분야의 전문적인 교육을 통해 인재양성을 위해 설립된 학교	과학고등학교, 외국어고등학교, 예술고등학교, 체육고등학교, 마이스터고등학교
자율고등학교	학교 운영에 자율성이 보장되는 학교	자율형 사립고등학교 자율형 공립고등학교
기타학교	학습을 진행하는데 힘든 학생을 위해 입시교육 위주의 교육을 벗어난 교육과정을 운영하는 학교	서울지구촌학교, 서울다솜관광고등학교, 한국폴리텍다솜학교, 인천한누리학교

8 한국의 대학과 평생 교육

[기초 1] 교재 78-85쪽

개관

이 차시의 목표는 한국 대학 교육의 특징과 한국 평생 교육의 특징을 설명하는 것이다. 이를 위해 대학과 대학원, 학업과 자기 계발, 모두를 위한 평생 교육, 평생 교육 기관에 대한 내용을 학습한다.

단계		교수 · 학습활동	교수 자료	시간
도입	생각해 보기	○ **고등 교육과 관련된 학습자의 경험 물어보기** 다음은 한국의 고등 교육 기관인 대학교의 모습과 다양한 연령대의 사람들이 참여하는 평생 교육 현장의 모습입니다. 고향 나라의 고등 교육과 평생 교육 제도는 한국과 비슷한 점이 있나요?	(PPT #1-2)	4분
	학습목표	○ **학습목표 제시** 1. 한국의 대학 교육의 특징을 설명할 수 있다. 2. 한국의 평생 교육의 특징을 설명할 수 있다.	(PPT #3)	1분
전개	주제1 (강의)	○ **대학과 대학원** 한국의 사회에서는 왜 대학 진학률이 높을까요? 대학교육을 받는 것이 한국에서 사회적 성공의 중요한 기준 중 하나로 여겨지지만, 최근에는 다양한 경로와 가치관이 인정받기 시작하면서 대학 진학 외에도 다양한 진로 선택이 가능해지고 있습니다. 그럼에도 불구하고, 한국의 기업들이나 공공 기관에서의 채용 시 대학 졸업 여부는 중요한 평가 요소 중 하나로 간주되기도 합니다. ○ **학업과 자기 계발** 대학 생활은 학문 습득뿐만 아니라 다양한 학외 활동과 네트워킹의 장입니다. 학생들은 신입생 오리엔테이션, 친목 여행, 동아리 활동 등을 통해 사회적 경험과 유대감을 쌓습니다. 최근에는 자기 계발을 위한 자격증 취득과 어학 공부도 강조되며, 이는 미래의 전문성 향상을 위한 준비의 일환입니다.	(PPT #4-5)	10분
	알아두면 좋아요 1	○ **대학생 언니, 오빠와 공부하는 시간이 기다려져요** 한국장학재단이 운영하는 대학생 멘토링 제도는 다문화 가정의 학생들에게 학교 적응 및 기초 학습 지원을 제공하는 프로그램입니다. 여러 대학과 학교들이 이 프로그램에 참여함으로써, 다문화 가정의 학생들은 넓은 네트워크 속에서 필요한 지원을 받을 수 있습니다.	(PPT #6)	5분
	주제2 (강의)	○ **모두를 위한 평생 교육** '생애의 모든 시기에 걸쳐 이루어지는 학습'을 무엇이라고 지칭할까요? 과거와 달리 현대 사회에서는 나이나 직업에 구애받지 않고 학습의 기회를 추구하는 것이 중요하게 여겨지기에, 다양한 평생 교육의 기회를 찾을 수 있습니다. ○ **평생 교육 기관** 평생 교육은 국민들이 생애의 모든 시기에 걸쳐 교육과 학습의 기회를 갖도록 하는 중요한 체계입니다. 국가평생교육진흥원은 이러한 평생 교육의 활성화를 위해 기본 계획을 마련하며, 다양한 교육 프로그램을 개발하고 지원합니다.	(PPT #7-8)	10분
	알아두면 좋아요 2	○ **외국인도 학점은행제를 이용할 수 있을까요?** 학점 은행제는 일반적인 대학 진학을 하지 않아도 특정 학습 기관에서 받은 교육을 통해 학점을 쌓고, 결국에는 그 학점들을 통해 학위를 받을 수 있는 시스템입니다. 국내에서 거주하는 외국인도 일정 학력 조건을 갖추면 이 학점 은행제를 이용할 수 있습니다.	(PPT #9)	5분
정리	내용 정리하기	○ **핵심 내용 정리**	(PPT #10-12)	7분
	함께 이야기 나누기	○ **여러분이 한국에서 더 배우고 싶은 것은 무엇입니까?** 한국교육개발원의 조사에 따르면 앞으로 배우고 싶은 평생 교육 분야 중 스포츠 분야의 선호도가 가장 높았습니다. 음악, 건강 및 의료, 외국어 등 여러 분야 중 여러분이 배우고 싶은 분야는 무엇인가요?	(PPT #13)	8분

학습 내용 정리

01 한국의 대학 교육은 어떤 모습일까?

1) 대학과 대학원
   ① 4년제 대학, 2~3년제 전문대학으로 운영하며 졸업 이후 대학원에 진학하여 학위를 취득할 수도 있음
   ② 대학 진학률이 높은 편이며, 취업 시에도 중요한 요소로 평가되고 있음

2) 학업과 자기 계발
   ① 대학생들은 학과 전공수업뿐만 아니라 다양한 친목 여행, 동아리 활동, 국내외 봉사활동 등에 참여함
   ② 자기 계발을 위한 각종 자격증이나 어학 공부를 하기도 함

02 한국의 평생 교육은 어떤 모습일까?

1) 모두를 위한 평생 교육
   ① 평생 교육: 자신의 관심이나 필요에 따라 생애 주기에 상관없이 공부를 지속하는 것
   ② 글 읽기, 쓰기, 직업기술, 문화 예술 등 다양한 분야에 걸쳐있음

2) 평생 교육 기관
   ① 국민의 평생 교육 확대를 위해 다양한 프로그램이 운영되고 있음
   ② 평생 교육 바우처: 일정 소득 수준 이하의 성인을 대상으로 제공되는 평생 교육 이용권
   ③ 평생 학습 계좌: 학습 이력을 증명할 수 있는 자료로 학위 취득, 사회 참여, 취업 자료 등으로 활용 가능
   ④ 다문화 정책학교 운영 및 이중언어 교재 발간과 같은 평생 교육 지원도 이루어지고 있음

8 한국의 대학과 평생 교육

내용 정리하기 답안

1	전문 대학 •	• 실용적이고 전문적인 기술을 주로 배운다.
	대학원 •	• 석박사 학위를 받을 수 있다.
	평생 교육 •	• 삶의 모든 기간에 걸쳐 이루어지는 교육이다.
2	한국의 대학은 모두 4년제이다. (×)	한국의 대학 진학률은 해마다 증가하고 있다. (×)
	한국에서 실시되는 평생 교육의 주요 대상은 노인이다. (×)	평생 교육은 가까운 지역 사회 기관을 통해 받을 수 있다. (○)
3	• 한국의 대학은 (4)년제, 전문 대학은 (2~3)년제로 운영된다.	
	• 삶의 모든 기간에 걸쳐 자신의 관심이나 필요에 따라 (평생 교육)을 받는 사람이 많다.	

함께 이야기 나누기 예시 답안

• (예) 배우고 싶은 것: 자격증 인증 과정을 통해 한식 자격증을 취득하고 싶습니다.
그 이유: 고려인의 음식과 조화를 이루는 새로운 한식을 개발하여 식당을 운영하고 싶습니다.

한국과 고향 나라의 교육 제도에 대해 이야기하기

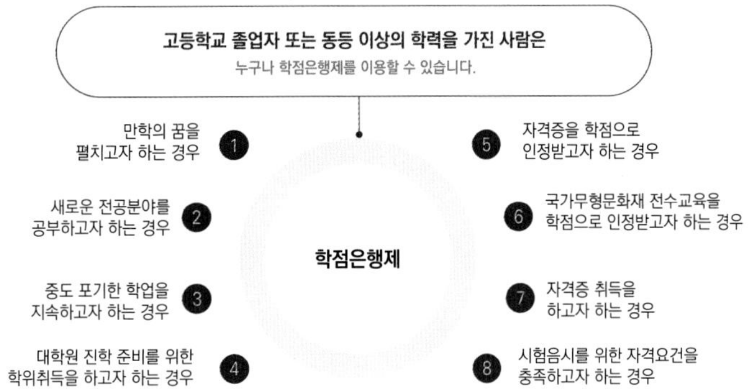

[출처] 국가평생교육진흥원 학점은행제 홈페이지(https://www.cb.or.kr/)

01 학점은행제를 신청하는 절차에 대해 찾아 봅시다.

02 대학에 진학하는 것과 학점은행제를 통해 학위를 취득하는 것의 공통점과 차이점을 정리해 봅시다.

한국	
고향 나라	

도움자료

◉ **국가평생학습포털 '늘배움'** https://www.lifelongedu.go.kr/

흩어져 있는 평생 교육 정보와 학습 콘텐츠를 한 곳에서 통합 제공하여 모든 국민이 언제, 어디서나 원하는 평생학습 기회를 누릴 수 있도록 지원하는 "평생학습 종합 포털"
시 · 도 다모아평생교육정보망을 통해 제공되는 지역의 기관, 강좌 정보뿐만 아니라 평생 교육에 대한 통계와 학술정보를 제공하여 이용자들이 평생 교육 정보에 쉽게 접근할 수 있도록 지원하고 있음.

심화자료

01 평생 교육 바우처 지원 사업 https://www.lllcard.kr/

• 평생 교육 바우처란?

– 학습자가 본인의 학습 요구에 따라 자율적으로 학습 활동을 결정하고 참여할 수 있도록 정부가 제공하는 평생 교육 이용권

– 평생교육법 제16조(경비보조 및 지원)에 의거하여, 학습자가 본인의 학습 요구에 따라 자율적으로 학습 활동을 결정하고 참여할 수 있도록 학습 비용을 지원함

• 지원 개요

– 저소득층 성인을 대상으로 평생 교육에 필요한 비용의 일부를 국가가 지원함

– 지원 대상: 19세 이상 기초생활수급자 및 차상위계층, 기준 중위소득 65% 이하인 가구의 구성원(1인 가구의 경우 기준 중위소득 120% 이하)

– 지원내용: 평생교육 강좌 수강료 및 해당 강좌의 교재비로 사용할 수 있는 지원금(1인당 최대 35만 원)

– 지원 규모: 57,000명 내외(2023년 기준)

02 원격 대학

– 정보통신기술을 이용한 가상의 공간에서 학습자가 시간과 공간의 제약 없이 교수자가 제공한 교육 서비스를 제공받고, 일정한 학점을 이수한 학생들에게 학사학위 또는 전문학사학위를 제공하는 고등교육 체제

– 방송통신대학교와 사이버대학교 등이 해당하며 2023년 4월 19일 고등교육법이 개정되어 원격 대학에서도 석사–박사 학위과정을 운영할 수 있게 되었음

– 비교적 학비가 저렴하며, 다른 대학과 마찬가지로 학자금 대출이나 국가장학금 지원 제도를 활용할 수 있음

[출처] HRD 용어사전

03 한국방송통신대학교

https://www.knou.ac.kr/

- 고등 교육 기회를 제공하고 사회교육의 확대와 발전을 통해 국가가 필요로 하는 분야별 인재를 양성하려는 목적으로 설립된 평생교육기관
- 한 학기에 3일 정도 주말이나 야간시간을 이용해 출석 수업에 참석하고, 수업은 방송대학TV, 쌍방향 원격영상강의 등 매체를 통하여 이루어짐
- 다른 대학에 재학 중인 학생 및 일반인들이 한국방송통신대학교에 개설된 과목을 수강하고 학점은행제를 통해 학점을 인정받을 수 있는 시간제 등록제가 개설되어 있음
- 전국 13개 시 · 도에 지역 대학의 캠퍼스를 49개 두었으며, 여러 학생 편의 시설을 갖추고 있음

[출처] 네이버 기관단체사전

대단원 정리『한국의 문화와 교육』

[기초 1] 교재 86-91쪽

개관

이 차시의 목표는『한국의 문화와 교육』영역에서 배운 '한국의 대중문화', '휴식이 있는 삶', '한국의 보육과 학교교육', '대학과 평생 교육'에 대한 내용을 학습자들이 스스로 정리해 보며, 한국의 문화와 교육에 대해 학습할 수 있도록 지원하고 조력한다.

단계		교수 · 학습활동	교수 자료	시간
도입	학습 내용 환기하기	ㅇ **학습 내용 환기하기** 『한국의 문화와 교육』 영역에서는 '한국의 대중문화', '휴식이 있는 삶', '한국의 보육과 학교 교육', '한국의 대학과 평생 교육'에 대해 배웠습니다. 수업을 통해 새롭게 알게 되었거나 기억나는 내용은 무엇인가요?	(PPT #1)	5분
	대단원 내용 정리	ㅇ **대단원 내용 정리하기** 〈보기〉에서 알맞은 것을 빈칸에 써 보세요. '한국의 대중문화'에 제시된 두 빈칸에는 어떤 단어를 채워야 할까요? '한국의 대중 문화', '휴식이 있는 삶', '한국의 보육과 학교 교육', '한국의 대학과 평생교육' 단원에서 배운 내용도 함께 빈칸에 채워 넣어 봅시다.	(PPT #2-3)	10분
전개	스스로 해결하기	ㅇ **과제 확인하기** 가로세로 낱말 퍼즐을 함께 채워봅시다. 문제 아래에 표시된 설명을 읽고 빈칸에 알맞은 단어를 써서 퍼즐을 완성할 수 있습니다. ㅇ **과제 해결하기** (가로) 한국 사람들은 영화와 같은 영상물을 시청할 때 컴퓨터 외에 어떤 기기를 사용하나요? 사람들이 일을 쉬면서 여행을 가거나, 휴식을 즐기는 것을 뭐라고 표현하나요? 중학교 1학년 과정으로 국어, 사회, 수학, 영어와 같은 과목뿐만 아니라 다양한 체험을 통해 진로 교육이 이루어지는 제도를 무엇이라 하나요? 평생동안 이루어지는 교육으로 자신이 필요한 분야에 대해 공부하는 것을 무엇이라 하나요? (세로) 가족끼리 함께 티비 앞에 모여서 시청하는 영상물을 무엇이라고 하나요? 고속도로 주행 중 쉬어갈 수 있고 식사도 할 수 있는 곳의 이름은 무엇인가요? 초등학교 입학 전 어린이가 교육받을 수 있는 기관은 무엇인가요? 어린이집의 질을 관리하기 위해 어떤 제도가 운영되나요? 한국에서 가장 최고 교육 기관은 무엇인가요?	(PPT #4)	10분
	스스로 탐구하기	ㅇ **스스로 탐구하기** 한국의 전국 방방곡곡에서 찾아볼 수 있는 볼거리, 먹거리, 즐길거리에 대해 함께 알아봅시다. 교재를 보고 방문하고 싶은 지역을 골라 그 지역의 대표 음식과 하고 싶은 것을 인터넷 검색을 통해 정리해보세요.	(PPT #5)	10분
	스스로 평가하기	ㅇ **스스로 평가하기** 89쪽에 제시된 문제를 잘 읽고 정답을 맞춰 봅시다. 첫 번째, 〈보기〉에서 한국 대중문화의 특징에 대해 옳은 설명인 것은 무엇입니까? 두 번째, 한국의 계절별 즐길 거리에 대한 설명으로 옳지 않은 것은 몇 번입니까? 세 번째, 다음은 어떤 한국 교육 기관에 대한 설명입니까? 네 번째, 한국의 평생교육 전문기관의 명칭은 무엇입니까?	(PPT #6-9)	10분
정리	화보	ㅇ **화보 살펴보기** 최근에는 학부모들이 자발적으로 모여서 유치원의 설립과 운영에 참여하는 협동조합 유치원이나 학교와 같은 대안 교육을 선택하는 사람들이 늘어나고 있습니다. 학부모의 책임감과 참여도가 높고, 운영비 사용이 투명하며, 아이를 함께 키울 수 있다는 장점이 있습니다.	(PPT #10-11)	5분

대단원 내용 정리 답안

5. 한국의 대중문화	• 스포츠	• 한류
6. 휴식이 있는 삶	• TV 시청	• 바다, 사계절
7. 한국의 보육과 학교 교육	• 어린이집	• 6, 3
8. 한국의 대학과 평생 교육	• 자기 계발	• 평생 교육

스스로 해결하기 답안

가로세로 낱말 퍼즐
[가로] ㉮ 스마트 ㉯ 휴가 ㉰ 자유 학년제 ㉱ 평생 교육 [세로] ① 드라마 ② 휴게소 ③ 유치원 ④ 평가인증 ⑤ 대학

스스로 탐구하기 예시 답안

전국 방방곡곡, 볼거리! 먹거리! 즐길거리!
(예) 방문하고 싶은 지역: 춘천 지역의 대표 음식: 닭갈비 하고 싶은 것: 소양강 스카이워크에 들렀다가 춘천 명동 닭갈비 골목에 가서 맛있는 닭갈비를 먹고 싶습니다.

스스로 평가하기 답안

1. ① 2. ③ 3. ③ 4. ④	
1. (정답 해설)	ㄷ. 한류란 동아시아 지역을 넘어 전 세계적으로 한국의 대중문화가 유행하는 현상을 말한다. ㄹ. 컴퓨터와 스마트폰이 보급되었지만 여전히 극장에서 영화를 보는 사람들이 많다.
2. (정답 해설)	③ 머드 축제와 해수욕은 여름에 즐길 수 있다.
3. (정답 해설)	① 어린이집 : 태어나면서부터 초등학교 입학 전까지의 아이들을 돌보고 교육하는 곳이다. ② 유치원 : 3세부터 초등학교 입학 전까지의 아이들을 돌보고 교육하는 곳이다. ④ 중학교 : 초등학교를 졸업하고 진학한다.
4. (정답 해설)	① 대학 : 한국의 최고 교육 기관이다. ② 대학원 : 대학을 마치고 공부가 더 필요한 사람이 진학하여 석박사 학위를 취득할 수 있다. ③ 한국장학재단 : 경제적 여건에 관계없이 고등 교육의 기회를 가질 수 있도록 지원하는 기관으로 생활이 어려운 대학생들에게 장학금을 지원하고 교육비를 빌려주는 일 등을 한다. 대학생과 다문화 가정 학생을 연결하여 학생의 학교 적응과 기초 학습을 지원하는 대학생 멘토링 제도를 운영하고 있다.

9 가족과 공동체

교재 94-101쪽

개관

이 차시의 목표는 한국에서 가족이 갖는 의미와 변화하는 가족의 다양한 모습, 한국의 공동체 의식과 그 특징을 설명하는 것이다. 이를 위해 한국에서의 가족의 의미, 변화하는 가족의 모습, '나'보다 '우리', 함께 사는 세상 '공동체'에 대한 내용을 학습한다.

단계		교수 · 학습활동	교수 자료	시간
도입	생각해 보기	○ **한국의 다양한 가족의 모습에 대한 경험 이야기하기** 다음은 한국의 다양한 가족의 모습입니다. 여러분이 한국에서 많이 본 가족의 모습은 무엇입니까? 자신의 경험을 자유롭게 이야기해 봅시다.	(PPT #1-2)	4분
	학습목표	○ **학습목표 제시** 1. 한국에서 가족이 갖는 의미와 변화하는 가족의 다양한 모습을 설명할 수 있다. 2. 한국인의 공동체 의식과 그 특징을 설명할 수 있다.	(PPT #3)	1분
전개	주제1 (강의)	○ **가족의 의미 이해하기** 여러분에게 가족은 어떤 의미인가요? 많은 한국인은 개인의 행복 못지않게 가족의 행복을 소중하게 여기며 지냅니다. 예를 들면 가족에게 어려운 일이 생기면 서로 돕고, 명절이나 부모의 생일이 되면 한자리에 모여서 축하합니다. ○ **변화하는 가족의 모습 설명하기** 한국에서 가족의 모습은 어떻게 변화하고 있을까요? 확대 가족과 핵가족에 대해 알아볼까요? 또 가족의 모습은 어떻게 다양해지고 있을까요?	(PPT #4-5)	10분
	알아두면 좋아요 1	○ **한국 가족의 호칭에 대해 알아보기** 한국은 가족을 부르는 호칭이 복잡합니다. 남편과 아내의 가족을 부르는 호칭도 다릅니다. 최근 이런 호칭들도 변화하고 있습니다. 어떻게 변화하고 있을까요?	(PPT #6)	5분
	주제2 (강의)	○ **한국의 '우리' 문화 설명하기** 한국인은 '우리'라는 말을 자연스럽게 사용합니다. 우리 엄마, 우리 집, 우리 학교 등의 말을 들어 보았나요? 이러한 표현 속에는 '나'보다는 '우리'를 중요하게 생각하는 의미가 있습니다. ○ **공동체에 대해 설명하기** 사회에서 함께 살아가는 사람들, 공동체를 중요하게 생각하는 것을 공동체 의식이라고 하는데 한국인은 공동체 의식이 강합니다. 월드컵이나 올림픽 등의 스포츠 경기에서 단체로 응원하기도 하고 기름으로 오염된 바다를 살리기 위해 봉사활동도 합니다.	(PPT #7-8)	10분
	알아두면 좋아요 2	○ **다문화 공동체, '생각나무BB센터'에 대해 알아보기** 서울에는 결혼 이주 여성들이 중심이 되어 만든 다문화 공동체, '생각나무BB센터'가 있는데 이를 알고 있나요? 관심이 있는 분들은 자신이 사는 지역의 다문화 공동체를 찾아보면 어떨까요?	(PPT #9)	5분
정리	내용 정리하기	○ **핵심 내용 정리**	(PPT #10-12)	7분
	함께 이야기 나누기	○ **한국인의 결혼에 대해 생각 알아보기** 최근 한국인은 결혼과 가족에 대한 생각이 변화하고 있습니다. 통계청의 자료를 한번 살펴볼까요? 가족에 대한 한국인의 생각은 여러분 고향 나라와 어떤 점이 비슷하고, 어떤 점이 다른가요? ○ **다음 차시 예고**	(PPT #13)	8분

학습 내용 정리

01 한국의 가족은 어떤 모습일까?

1) 가족의 의미

① 한국인의 행복 기준: 행복한 가정, 돈, 여가 생활, 일, 건강 등

② 한국인은 개인의 행복 못지않게 가족의 행복을 소중하게 여기며 서로 긴밀하게 결합됨

③ 명절이나 부모의 생일이 되면 한자리에 모이는 경우가 많음

2) 변화하는 가족의 모습

① 과거의 확대 가족의 모습에서 최근 대부분 핵가족의 모습이 많음

② 결혼에 대한 생각의 변화 등으로 1인 가구 증가

③ 다문화 가족, 한부모 가족, 재혼 가족 등 가족의 모습이 다양해지고 있음

02 가족을 넘어 공동체로

1) 한국의 '우리' 문화

① 한국은 가족이 아니어도 가족 호칭을 사용하는 경우가 있음

② '우리'라는 말을 자연스럽게 사용함, 상대방이나 자신이 속한 집단을 가깝게 생각한다는 의미

2) 함께 사는 세상, 공동체

① 공동체 의식: 사회에서 함께 살아가는 사람들, 공동체를 중요하게 생각함

② 나라에 어려운 일이 생겼을 때 공동체 의식으로 큰 힘을 보여 주기도 함

9 가족과 공동체

내용 정리하기 답안

1		1인 가구
		다문화 가족
		확대가족
2	요즘에는 결혼을 꼭 해야 한다고 생각하는 사람이 늘어나면서 1인 가구가 줄어들고 있다. (×)	한국인은 가족이 아니면 '언니', '이모', '삼촌'이라고 부르지 않는다. (×)
	다문화 가족, 한부모 가족, 재혼 가족 등 오늘날 가족의 모습이 다양해지고 있다. (○)	'우리'라는 말에는 자신과 이야기를 나누는 상대방이나 자신이 속한 집단을 가깝게 생각한다는 의미가 들어 있다. (○)
3	• 요즘은 자녀가 결혼한 이후 부모와 떨어져 사는 (핵가족)이 대부분이다.	
	• (공동체) 의식은 나라에 어려운 일이 생겼을 때 그것을 이겨내는 과정에서 큰 힘을 보여주기도 한다.	

함께 이야기 나누기 예시 답안

결혼은 선택일까, 필수일까?
• (예) 한국인은 결혼을 해야 한다는 생각이 계속 줄어들고 있으며, 부모가 자녀와 함께 사는 경우도 점점 줄어들고 있습니다.
• (예) 저희 고향 나라에서도 부모가 자녀와 함께 사는 경우가 점점 줄어들고 있지만, 부모님의 생활비는 자녀가 제공하고 있습니다.

가족과 관련된 기념일 소개하기

01 자신의 고향 나라의 가족과 관련된 기념일과 그때 하는 일에 대해 소개해 봅시다.

고향 나라의 기념일	
기념일에 하는 일	

02 자신의 가족 중 가장 고마운 분에 대해 이야기를 나눠 봅시다.

- 이름(관계):
- 고마웠던 이유:
- 가족에게 하고 싶은 말:

도움자료

◉ '가족'을 주제로 한 영화 소개

- **미나리(2021) 윤여정 · 한예리 주연:** 영화는 1980년대 중반 아메리칸드림을 꿈꾸며 미국 아칸소주(州)의 농장으로 이민 온 한인 가족의 이야기를 담고 있다. 병아리 감별사로 10년을 일하다 아칸소의 시골 마을로 이사 온 아버지 제이콥은 자기의 농장을 만들기 위해 바쁜 삶을 이어가고, 엄마 모니카도 낯선 곳에서 일자리를 찾으며 새로운 삶에 적응하려 한다. 여기에 어린 손자 데이빗과 앤을 돌보기 위해 가방 가득 고춧가루와 멸치, 미나리씨를 담고 미국으로 온 외할머니의 이야기도 그려진다. 영화는 부부의 어린 아들 데이빗의 시선으로 미국의 낯선 시골 마을에서 적응해 가는 가족의 모습을 담아낸다.

[출처] http://www.pmg.co.kr

심화자료

01 2022 한국의 사회지표

- 통계청에 따르면 2021년 가구당 평균 가구원 수는 2.3명으로 2000년 대비 1인 가구 및 2인 가구의 비율은 커지고, 3인 이상 가구의 비중은 줄어듦
- 2022년 국민 중 결혼을 해야 한다고 생각하는 비중은 50%로 2년 전보다 1.2%p 감소, 이유가 있으면 이혼을 해야 한다고 생각하는 비중은 18.7%로 2년 전보다 1.9%p 증가함

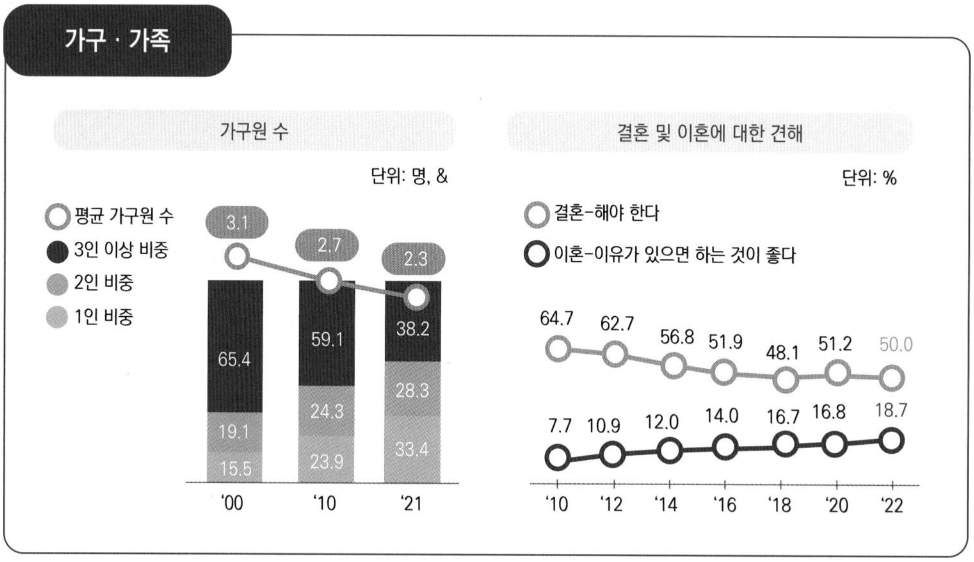

[출처] 통계청, 2022

02 "도련님 · 서방님 대신 이름 불러도 됩니다"... 국립국어원, 성차별 호칭 개선 안내서 펴내

- 국립국어원은 특정한 호칭이나 지칭어를 반드시 써야 한다는 규범적인 틀에서 벗어나 서로 배려하고 자유롭게 소통하자는 취지에서 새로운 언어 예절 안내서인 '우리, 뭐라고 부를까요?'를 발간함
- 안내서는 특히 남녀 차별적이었던 호칭 등을 개선하고 대안을 마련하는 데 초점을 둠
- '친할머니', '외할아버지' 대신 지역명을 붙여 '효자동 할머니', '광주 할아버지' 등으로 부르는 식임

03 한국의 '어버이 날' 안내

- 어버이의 은혜에 감사하고, 어른과 노인을 공경하는 경로효친의 전통적 미덕을 기리는 날
- 1956년부터 5월 8일을 '어머니날'로 지정하여 경로효친의 행사를 하여오는 과정에서 '아버지의 날'이 거론되어 1973년에 제정, 공포된 〈각종 기념일 등에 관한 규정〉에서 '어버이날'로 변경, 지정
- 이날에는 각 가정에서 자녀들이 부모와 조부모에게 카네이션을 달아드리고 감사의 뜻으로 선물을 하고, 기념식장에서는 전국의 효자 · 효녀로 선발된 사람에게 상과 상금을 수여함

[출처] 한국민족문화대백과

04 한국의 '어버이 날' 안내

- 1인 가구 수 증가에 힘입어 '싱글슈머(싱글+소비자)'가 새로운 소비세력으로 떠오르고 있음
- 1인 가구 중 20~30대의 싱글슈머가 본인의 가치 여부에 따라 아낌없이 돈을 쓰는 특징을 보이자 유통업계는 이들을 주요 고객으로 끌어들이기 위해 변화하고 있음

[출처] 매일일보 (2023.1.17.)

참고자료

한국민족문화대백과
https://encykorea.aks.ac.kr

10 명절과 기념일

[기초 1] 교재 102-109쪽

개관

이 차시의 목표는 한국의 대표적인 명절과 명절 음식의 의미, 국경일과 기념일을 설명하는 것이다. 이를 위해 설날과 추석, 명절에 하는 놀이, 한국의 국경일과 기념일에 대한 내용을 학습한다.

단계		교수 · 학습활동	교수 자료	시간
도입	생각해 보기	○ **고향 나라의 명절에 대해 이야기하기** 다음은 여러 나라의 명절 음식 사진입니다. 자신의 고향 나라 명절 음식에 대한 경험을 자유롭게 이야기해 봅시다.	(PPT #1-2)	4분
	학습목표	○ **학습목표 제시** 1. 한국의 명절과 명절 음식의 의미를 설명할 수 있다. 2. 한국의 국경일과 기념일을 설명할 수 있다.	(PPT #3)	1분
전개	주제1 (강의)	○ **설날과 추석에 대해 이해하기** 한국의 대표적인 명절은 설날과 추석입니다. 설날은 음력 1월 1일로 한 해를 시작하는 날입니다. 추석은 음력 8월 15일로 그해 농사에 감사하는 풍습과 관계가 깊습니다. 추석에는 송편을 먹습니다. ○ **명절에 하는 놀이 설명하기** 한국에서 명절에 하는 놀이에 대해 알아볼까요? 설날에는 윷놀이를 많이 합니다. 윷놀이는 윷가락 네 개를 던져서 하는 놀이로, 윷말을 네 개가 윷판을 먼저 다 돌고 나오면 이깁니다. 추석에는 씨름을 많이 했습니다.	(PPT #4-5)	10분
	알아두면 좋아요 1	○ **복날에 먹는 음식, 삼계탕에 대해 알아보기** 여름철 복날에 대해 알아볼까요? 복날은 명절은 아니지만, 복날에 많은 한국인은 더위를 이기고 건강을 지키기 위해 닭과 인삼으로 끓인 삼계탕을 먹습니다.	(PPT #6)	5분
	주제2 (강의)	○ **한국의 국경일에 대해 설명하기** 여러분 고향 나라의 국경일은 언제입니까? 한국에서는 역사적으로 중요한 날을 '국경일'로 정합니다. 대표적인 국경일에는 삼일절, 광복절, 한글날 등이 있습니다. ○ **한국의 기념일에 대해 설명하기** 5월은 가족과 관련된 기념일이 많아서 '가정의 달'이라고 부릅니다. 5월 5일은 어린이날로 어린이가 건강하고 행복하게 자라기를 바라는 마음으로 만든 기념일입니다. 5월 8일은 어버이날로 부모님께 고마움을 전하며 카네이션을 선물합니다. 여러분의 고향 나라에도 가족과 관련한 기념일이 있다면 언제인가요?	(PPT #7-8)	10분
	알아두면 좋아요 2	○ **'스승의 날'에 대해 알아보기** 여러분 한글을 만든 세종대왕을 아시나요? 한국에서는 세종대왕을 민족의 큰 스승이라고 생각해서 세종대왕이 태어난 5월 15일을 '스승의 날'로 정했습니다. 이날 학생들은 선생님께 감사의 마음을 전합니다.	(PPT #9)	5분
정리	내용 정리하기	○ **핵심 내용 정리**	(PPT #10-12)	7분
	함께 이야기 나누기	○ **명절 음식을 준비하는 방법에 대해 생각 알아보기** 최근 한국에서는 명절 음식을 직접 만드는 대신 사서 먹는 사람이 늘고 있습니다. 명절 음식을 직접 만들면 시간과 노력이 많이 듭니다. 요즘 사람들은 간편한 것을 추구하면서 사서 먹는 사람이 많아지고 있습니다. 여러분은 여기에 대해 어떻게 생각합니까? ○ **다음 차시 예고**	(PPT #13)	8분

학습 내용 정리

01 한국인은 명절에 무엇을 할까?

1) 설날과 추석
   ① 설날: 음력 1월 1일로 한 해를 시작하는 날, 세배하기, 떡국 먹기
   ② 추석: 음력 8월 15일로 그해 농사에 감사하는 풍습, 송편 먹기, 달맞이
2) 명절에 하는 놀이
   ① 설날: 윷놀이, 연날리기 등
   ② 추석: 씨름 등
   ③ 명절에 하던 전통놀이가 많이 사라짐

02 한국의 국경일과 기념일에는 무엇이 있을까?

1) 국경일
   ① 의미: 역사적으로 중요한 날
   ② 종류: 삼일절(3월 1일, 일본에 맞서 독립 만세 운동을 한 날)
   광복절(8월 15일, 일본으로부터 나라를 되찾은 것을 기념하는 날)
   한글날(10월 9일, 세종대왕이 한글을 만든 것을 기념하는 날)
2) 기념일
   ① 가정의 달: 5월은 가족 관련 기념일이 많아서 '가정의 달'이라고 부름
   ② 어린이날(5월 5일, 어린이가 건강하고 행복하게 자라기를 바라는 마음으로 만든 기념일)
   ③ 어버이날(5월 8일, 부모님께 고마움을 전하는 날로 자녀들은 부모님께 카네이션 등을 선물함)

명절과 기념일

내용 정리하기 답안

1		한글날
		어버이날
		삼일절

(문항 1 연결: 삼일절, 어버이날, 한글날)

2	추석에는 떡국을 먹고 달맞이 행사를 한다. (×)	윷놀이는 설날의 대표적인 놀이로 많은 사람이 즐긴다. (○)
	가래떡에는 건강하게 오래 살라는 의미가 들어 있다. (○)	어린이날은 아이들이 부모님께 선물하는 날이다. (×)
	삼일절, 광복절 등에 태극기를 대문이나 창문 등에 단다. (○)	설날 아침에는 부모님과 집안의 윗사람에게 세배를 한다. (○)
3	• (광복절)은 나라를 되찾은 것을 기념하는 날이다.	
	• 추석에 먹는 (송편)은 그해 농사에서 거둔 쌀로 만든 반달 모양의 떡이다.	

함께 이야기 나누기 예시 답안

• (예) 요즘은 대부분 직장 생활로 바쁘기 때문에 명절 음식을 사서 먹는 경우가 늘어나고 있습니다. 명절 음식을 직접 만드는 것도 좋겠지만, 만들기 힘들 때는 사서 먹는 것도 나쁘지 않다고 생각합니다.

• (예) 저희 고향 나라에서는 설날인 나브루즈에 수말락을 먹습니다. 수말락은 거의 하루 동안 저어야 해서 친척이나 동네 사람들이 모여서 함께 만듭니다.

고향 나라의 명절 소개하기

01 자신의 고향 나라의 대표적인 명절과 그때 먹는 음식의 의미에 대해 소개해 봅시다.

대표적인 명절	
명절에 먹는 음식의 의미	

02 한국에서 자신이 알고 있거나 경험한 한국의 명절에 대해 이야기를 나눠 봅시다.

- 언제:
- 인상 깊었던 것:
- 인상 깊었던 이유:

도움자료

◉ 정월 대보름 소개

한 해의 첫 보름이자 보름달이 뜨는 날로 음력 1월 15일에 지내는 한국의 명절이다. 이날 오곡밥과 나물을 먹는다. 땅콩, 밤 등 견과류로 부럼을 깬다. 부럼을 깨면 이가 튼튼해지고 부스럼이 나지 않는다는 믿음이 있다. 또 보름날 아침에는 귀밝이술이라 하여 차가운 청주 한 잔을 마신다. 이 술을 마시면 귀가 밝아지고 일 년 내내 좋은 소식을 듣게 해준다고 한다. 대보름날 이른 아침에 사람을 보면 재빨리 상대방의 이름을 부르고 이때 대답을 하면 "내 더위 사가라."라고 외친다. 이렇게 더위를 팔면 여름에 더위를 먹지 않는다고 믿었다.

출처: 한국세시풍속사전 http://folkency.nfm.go.kr/sesi/index.jsp

심화자료

01 설날의 복식

- 설날에 입는 옷을 설빔이라고 함. 과거에는 설날에 입은 설빔을 정월대보름까지는 입는 풍습이 있었음
- 설날에 색깔이 있는 옷을 입는데 여자 어린이들은 색동저고리를 입었는데, 노랑이나 녹색 저고리에 붉은 치마는 오늘까지도 설날에 입는 가장 보편적인 옷임

[출처] 한국민족문화대백과

ⓒ 박광훈복식박물관

02 추석의 다른 말, 한가위

- 한가위는 '한'은 '크다'는 뜻이고 가위는 8월의 한가운데 또는 가을의 가운데를 의미하는 것으로 한가위란 8월의 한가운데에 있는 큰 날이라는 뜻
- 음력 8월을 중추지월(中秋之月)이라고도 하는데 이는 한자음에 따른 것으로 달빛이 가장 좋은 달이라 하여 '월석'이라고도 함

[출처] 한국세시풍속사전

03 10월 3일, 개천절

- 우리 민족 최초의 국가인 고조선 건국을 기념하기 위해 제정된 국경일
- 기원전 2333년 10월 3일, 즉 단군기원 원년 음력 10월 3일에 국조 단군이 최초의 민족국가인 단군조선을 건국했음을 기리는 뜻으로 제정
- 단군은 널리 인간을 이롭게 한다는 '홍익인간'을 기본 정신으로 하여 나라를 세움
- 과거에는 음력 10월 3일에 개천절을 기념했지만, 지금은 양력 10월 3일로 바뀜

[출처] 한국민족문화대백과

04 어린이날의 유래

- 1919년 3 · 1운동 이후 방정환을 중심으로 어린이들에게 민족의식을 불어넣고자 하는 운동이 활발하게 전개되기 시작
- 1923년 5월 1일, 색동회를 중심으로 방정환 외 8명이 어린이날을 공포하고 기념행사를 치름으로써 비로소 어린이날의 역사가 시작됨
- 1927년부터 5월 첫째 일요일로 날짜를 바꾸어 계속 행사를 진행하다가 1939년 일제의 억압으로 중단된 뒤 광복 이후 1946년부터 5월 5일을 어린이날로 정함

[출처] 두산백과

참고자료

한국민족문화대백과
https://encykorea.aks.ac.kr

11 한국의 역사적 인물

[기초 1] 교재 110-117쪽

개관

이 차시의 목표는 화폐 속 한국의 역사 인물과 여러 어려움 속에서도 자신의 삶을 살아간 여성을 설명하는 것이다. 이를 위해 한글을 만든 세종대왕, 나라를 구한 이순신, 조선의 천재 시인인 허난설헌, 최초의 여성으로 왕위에 오른 선덕여왕에 대한 내용을 학습한다.

단계		교수 · 학습활동	교수 자료	시간
도입	생각해 보기	○ **한국의 화폐 속 그림에 대해 이야기하기** 다음은 한국의 화폐입니다. 한국의 화폐에는 무엇이 그려져 있는지 자유롭게 이야기해 봅시다.	(PPT #1-2)	4분
	학습목표	○ **학습목표 제시** 1. 화폐 속 한국의 역사 인물을 설명할 수 있다. 2. 여러 어려움 속에서도 자신의 삶을 살아간 여성의 활동상을 설명할 수 있다.	(PPT #3)	1분
전개	주제1 (강의)	○ **한글을 만든 세종대왕에 대해 이해하기** 여러분 고향 나라 화폐에는 무엇이 그려져 있나요? 한국의 화폐에는 역사적 인물이 그려져 있습니다. 한국의 만 원 지폐에는 세종대왕이 그려져 있습니다. 세종대왕은 왜 존경받을까요? ○ **나라를 구한 이순신에 대해 설명하기** 조선 시대 임진왜란 때 일본으로부터 나라를 구한 장군, 이순신에 대해 알아볼까요? 이순신은 거북선을 이끌고 바다에서 일본 수군과 싸워 크게 승리했습니다. 어떻게 승리할 수 있었을까요?	(PPT #4-5)	10분
	알아두면 좋아요 1	○ **대한국인 안중근에 대해 알아보기** 광복 50주년 기념주화에는 독립운동가 안중근이 실려 있습니다. 안중근은 일본에 저항하는 비밀 단체를 조직하고 한국에 침략한 일본군을 물리치기 위해 군대를 조직해서 싸우는 등 독립을 위해 앞장섰습니다.	(PPT #6)	5분
	주제2 (강의)	○ **조선의 천재 시인, 허난설헌에 대해 설명하기** 강원도 강릉에는 '난설헌로'라는 길이 있습니다. 조선 시대의 시인 헌난설헌의 이름에서 따온 것입니다. 허난설헌은 어떤 인물이었을까요? ○ **왕위에 오른 최초의 여성, 선덕여왕에 대해 설명하기** 경상북도 경주에는 '선덕여왕길'이 있습니다. 신라 시대 여성 처음으로 왕위에 오른 선덕여왕은 어떤 일을 했을까요?	(PPT #7-8)	10분
	알아두면 좋아요 2	○ **안중근의 어머니, 조마리아에 대해 알아보기** 여러분 독립운동가 안중근에 대해서 공부했습니다. 안중근이 일본으로부터 사형 선고를 받고 감옥에 있을 때, 어머니 조마리아는 당당하게 죽으라는 내용의 편지를 안중근에게 보냈습니다. 조마리아는 상해 임시정부를 돕기 위해 힘썼고, 중국에서 독립운동을 하는 사람들을 돌보면서 독립운동가들의 어머니 역할을 했습니다.	(PPT #9)	5분
정리	내용 정리하기	○ **핵심 내용 정리**	(PPT #10-12)	7분
	함께 이야기 나누기	○ **오늘날 세계적으로 유명한 한국인에 대해 알아보기** 최근 스포츠, 영화, 음악 등에서 세계적인 인기를 끄는 한국인이 늘고 있습니다. 여러분이 알고 있는 유명한 한국인은 누구입니까? 자신의 고향 나라의 역사적 인물이나 오늘날의 인물을 소개해 봅시다. ○ **다음 차시 예고**	(PPT #13)	8분

학습 내용 정리

01 화폐 속 역사 인물

1) 한글을 만든 세종대왕
   ① 만 원 지폐: 세종대왕, 측우기, 혼천의, 해시계
   ② 세종대왕: 조선의 네 번째 왕, 한글 창제, 새로운 농사 책과 의학 책을 펴냄
2) 나라를 구한 이순신
   ① 100원 동전: 이순신
   ② 이순신: 임진왜란 때 일본으로부터 나라를 구한 장군
   거북선을 이끌고 일본 수군과 싸워 크게 승리함(한산도 대첩, 명량대첩, 노량해전)
   ③ 『난중일기』: 임진왜란이 발발한 1592년 1월부터 1598년 11월까지 거의 날마다 적은 기록

02 거리 이름 속 여성 인물

1) 조선의 천재 시인, 허난설헌
   ① 일생: 글에 재주가 있었지만 일찍 세상을 떠남
   ② 업적: 문장가, 시인으로 시집 발간(동생 허균이 펴냄)
2) 왕위에 오른 최초의 여성, 선덕여왕
   ① 업적: 한국 여성으로 처음으로 신라 왕위에 올랐음
   신라가 고구려, 백제를 이기고 통일을 할 수 있는 기초 마련
   ② 첨성대: 별자리의 움직임이나 하늘을 관찰함, 농사짓는 데 도움을 받음

11 한국의 역사적 인물

내용 정리하기 답안

1		이순신
		선덕여왕
		세종대왕
		허난설헌
2	선덕여왕은 조선 시대의 유명한 시인이다. (×)	이순신은 임진왜란 때 나라를 구한 유명한 장군이다. (○)
	측우기는 비가 얼마나 왔는지 재는 기구이다. (○)	첨성대는 동양에서 가장 오래된 천문대이다. (○)
3	• (허난설헌)의 시집은 중국과 일본에서 큰 인기를 끌었다.	
	• 만 원 지폐에 있는 (세종대왕)은 한국인이 가장 존경하는 인물 중 한 명이다.	

함께 이야기 나누기 예시 답안

• (예) 저는 축구 선수 손흥민을 알고 있습니다.

• (예) 저희 고향 나라에서 유명한 역사적 인물은 진시황입니다. 진시황은 중국을 처음으로 통일하고 만리장성을 쌓았습니다.

고향 나라의 화폐 소개하기

01 자신의 고향 나라의 화폐와 한국의 화폐에 나온 인물 또는 문화유산을 소개해 보세요.

고향 나라의 화폐	
한국의 화폐	

02 고향 나라에서 인기가 많은 한국인 또는 자신이 좋아하는 한국인에 대해 이야기해 봅시다.

- 이름:
- 하는 일:
- 인기 있는 이유:

도움자료

◉ 한국은행 화폐박물관

- 한국은행 화폐박물관은 서울시 중구 남대문로 39에 위치하며 한국은행이 보유하고 있는 국내외 진귀한 화폐 20,000여 점과 화폐의 제조 과정 등을 전시하고 있다.
- 화요일~일요일은 오전 10시부터 오후 5시까지 관람 가능하며 입장료는 무료이다. 주중에는 예약 없이 자유롭게 관람할 수 있으나 주말 및 휴일은 누리집(www.bok.or.kr/museum)을 통해 사전예약을 해야 입장이 가능하다.

심화자료

01 훈민정음해례본

- 훈민정음해례본은 조선 전기 정인지 등이 세종의 명으로 1446년에 간행한 주석서
- '훈민정음해례본' 또는 '훈민정음 원본'이라고도 함. 집필자들은 정인지, 신숙주, 성삼문, 최항, 박팽년, 강희안, 이개, 이선로 등 집현전의 8학자
- 새로 만든 글자의 제자원리를 주로 밝히고, 그 음가 · 운용법, 이 문자가 표시하는 음운체계 등을 자세히 설명함
- 1997년 1월 유네스코 세계기록유산으로 선정됨

[출처] 한국민족문화대백과사전

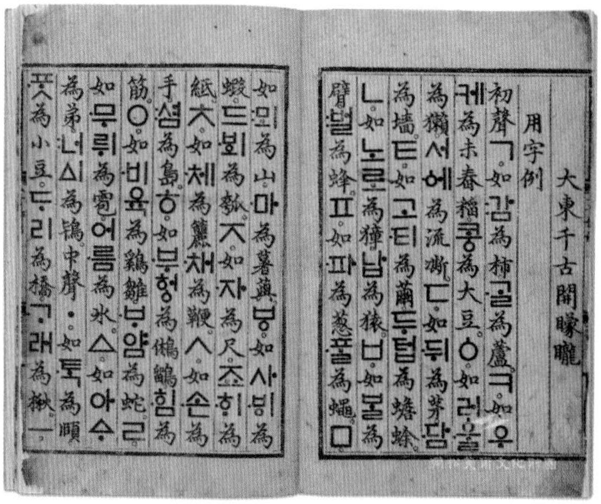

02 명량 대첩

- 임진왜란 당시의 해전, 1597년(선조 30년)에 이순신이 명량 부근에서 13척의 배로 왜선 133척을 물리쳐 전쟁에서 승리함
- 험한 물살과 지형을 이용해 왜군을 크게 무찌르고 해상권을 회복함. 당시 이순신은 '죽기로 싸우면 살 것이요, 살고자 하면 죽을 것이다.'라고 하며 군사들을 독려했다고 전해짐

[출처] Basic 중학생을 위한 국사 용어사전
https://terms.naver.com

03 허난설헌(1563~1589)

- 조선 중기 천재 여성 시인임
- 허난설헌의 집안은 학문에 대한 열린 가풍으로 딸인 허난설헌에게 남자와 똑같은 교육의 기회를 주었으며, 아들들에게는 자유로운 사상을 가질 기회를 마련해 줌
  당대 뛰어난 문인으로 평가받은 허성, 허봉이 허난설헌의 오빠이며 〈홍길동전〉으로 유명한 허균이 허난설헌의 남동생
- 어렸을 때부터 천재성을 드러낸 허난설헌은 8세 때 〈광한전 백옥루 상량문〉이라는 한시를 지어 주변 어른들을 놀라게 함

[출처] 한국민족문화대백과

04 선덕여왕과 첨성대

- 신라 제27대 왕 선덕여왕은, 성은 김 씨이며 진평와의 장녀임. 진평왕이 아들 없이 죽자 화백회의에서 왕으로 추대되었고 수많은 위기를 이겨 내고 왕위에 오름
- 선덕여왕은 자신이 하늘의 뜻에 따라 신라를 다스리고 있다는 것을 사람들에게 보여 주기 위해 첨성대를 만듦
- 첨성대는 별자리의 움직임을 보고 하늘을 살피는 관측대로, 날씨를 미리 알고 농사를 잘 짓도록 돕기 위해 만들었고 사용된 돌의 개수는 모두 365개 내외로 1년을 뜻함

[출처] 황은희(2022), 그림으로 보는 한국사, 계림북스

참고자료

한국민족문화대백과사전
https://encykorea.aks.ac.kr

12 역사가 담긴 문화유산

[기초 1] 교재 118-125쪽

개관

이 차시의 목표는 한국의 대표적인 궁궐과 그림을 통해 옛사람들의 생활 모습을 설명하는 것이다. 이를 위해 조선의 제일 궁궐인 경복궁, 자연과 조화를 이룬 창덕궁, 일상의 모습을 그린 풍속화, 사람들의 소원을 담은 민화에 대한 내용을 학습한다.

단계		교수 · 학습활동	교수 자료	시간
도입	생각해 보기	○ **조선의 5대 궁궐에 대해 이야기하기** 다음은 서울에 있는 조선의 5대 궁궐의 지도입니다. 5대 궁궐 중에 가본 곳이나 가보고 싶은 곳이 있으면 자유롭게 이야기해 봅시다.	(PPT #1-2)	4분
	학습목표	○ **학습목표 제시** 1. 한국의 대표적인 궁궐을 설명할 수 있다. 2. 그림을 통해 옛사람들의 생활 모습을 설명할 수 있다.	(PPT #3)	1분
전개	주제1 (강의)	○ **조선의 제일 궁궐, 경복궁에 대해 이해하기** 여러분 고향 나라에도 왕이 살던 궁궐이 있나요? 조선의 왕들이 살던 궁궐 중 제일 큰 궁궐인 경복궁에 대해 알아봅시다. 경복궁은 '큰 복을 누리는 궁궐'이라는 뜻입니다. 궁궐의 정문이 광화문입니다. ○ **자연과 조화를 이룬 창덕궁에 대해 설명하기** 유네스코 세계 문화유산으로 지정된 창덕궁에 대해 알아볼까요? 궁궐의 정문인 돈화문, 왕이 나랏일을 하던 인정전 등이 있습니다. 특히 자연과 조화를 이룬 후원은 아름다운 정원으로 유명합니다.	(PPT #4-5)	10분
	알아두면 좋아요 1	○ **밤에 즐기는 궁궐 산책에 대해 알아보기** 달 밝은 밤 도심 속 궁궐 야경 이색 체험을 통해 조선 궁궐의 역사 문화적 가치와 아름다움을 감상하며 이를 널리 알리기 위해 경복궁 등에서 야간 관람을 진행합니다. 창덕궁에서는 전문 해설사와 함께 궁궐의 곳곳을 관람하며, 자세한 안내와 함께 전통예술 공연을 관람할 수 있습니다.	(PPT #6)	5분
	주제2 (강의)	○ **일상의 모습을 그린 풍속화에 대해 설명하기** 여러분 풍속화가 무엇일까요? 왕이나 궁궐의 모습이 아니라 평범한 사람들의 생활 모습을 그린 그림을 풍속화라고 합니다. 풍속화를 보면 무엇을 알 수 있을까요? 대표적인 풍속화가로 김홍도와 신윤복이 있습니다. ○ **사람들의 소원을 담은 민화에 대해 설명하기** 다음 사진은 무엇을 그린 것일까요? 민화는 이름 없는 화가들이 그린 그림입니다. 주로 꽃과 새, 호랑이와 까치 등이 많은데, 여기에는 복을 누리고 오래 살기 바라는 마음을 담고 있습니다.	(PPT #7-8)	10분
	알아두면 좋아요 2	○ **삶을 이야기하고 노래하는 '판소리'에 대해 알아보기** 조선 후기에는 한글 소설이 유행했습니다. 대표적인 한글 소설에는 『홍길동전』, 『춘향전』, 『흥부전』 등이 있습니다. 『춘향전』, 『흥부전』이 판소리로도 만들어져 큰 인기를 끌었습니다.	(PPT #9)	5분
정리	내용 정리하기	○ **내용 정리하기**	(PPT #10-12)	7분
	함께 이야기 나누기	○ **변화하는 한국의 전통 옷, 한복에 대해 알아보기** 한복은 기본적으로 남자는 저고리와 바지, 여자는 저고리와, 치마로 구성되어 있습니다. 그리고 시대에 따라 변해 왔고, 현대에는 생활 한복과 교복 등으로 다양화되고 있습니다. 자신의 고향 나라의 전통 옷에 대해 이야기해 봅시다. ○ **다음 차시 예고**	(PPT #13)	8분

학습 내용 정리

01 왕은 어디에서 살았을까

1) 조선의 제일 궁궐, 경복궁
   ① 경복궁: '큰 복을 누리는 궁궐'이라는 뜻
   ② 광화문: 경복궁의 정문
   ③ 근정전: 왕과 신하가 나랏일을 하던 곳
2) 자연과 조화를 이룬 창덕
   ① 조선 시대 왕들이 가장 오래 살았던 궁궐
   ② 1997년 유네스코 세계유산으로 지정됨
   ③ 자연과 조화를 이룬 후원은 아름다운 정원으로 유명함

02 그림 속 옛사람들의 삶

1) 일상의 모습을 그린 풍속화
   ① 풍속화: 일반 사람들의 생활 모습을 그린 그림
   ② 대표 화가: 김홍도, 신윤복
2) 사람들의 소원을 담은 민화
   ① 민화: 이름 없는 화가들이 그린 그림
   ② 내용: 꽃과 새, 호랑이와 까치, 자연 경치 등
   ③ 의미: 복을 누리고 오래 살기 바라는 마음

12 역사가 담긴 문화유산

내용 정리하기 답안

1	경회루 – 큰 잔치를 하거나 외국 손님을 대접하던 장소이다. 민화 – 이름 없는 화가들이 그린 그림이다. 창덕궁 – 조선 시대 왕들이 가장 오래 살았던 궁궐이다.	
2	궁궐에는 왕과 왕비만 살고, 그들이 돕는 사람들은 궁궐 밖에서 살았다. (×)	민화에는 복을 빌고 오래 살기를 바라는 마음이 들어 있다. (○)
	광화문은 창덕궁의 정문으로 이곳에서 손님을 맞이했다. (×)	신윤복은 사람들의 놀이나 생활을 생생하고 재미있게 그렸다. (×)
	창덕궁 후원은 자연과 조화를 이룬 아름다운 정원이다. (○)	김홍도는 대표적인 민화 화가이다. (×)
3	• (경복궁)은 '큰 복을 누리는 궁궐'이라는 뜻이다.	
	• 왕이나 궁궐의 모습이 아니라 일반 사람들의 생활 모습을 그린 그림을 (풍속화)라고 한다.	

함께 이야기 나누기 예시 답안

• (예) 저희 고향 나라의 전통 옷은 아오자이입니다. '긴 옷'이라는 뜻으로 명절과 결혼식에 입을 뿐만 아니라 교복과 유니폼 등으로도 입습니다.

조선 시대 궁궐 '경복궁'을 소개하기

01 고향 나라의 가족이나 친구에게 '경복궁'을 소개하는 편지를 써봅시다.

〈편지〉

도움자료

◉ 경복궁 관람 안내 (*2023년 기준)

- 매주 화요일은 휴궁일. 관람 시간은 계절에 따라 차이가 있으나 일반적으로 09:00~18:00까지. 관람 요금은 성인 3,000원, 소인(24세 이하)무료. 외국인의 경우도 동일한 요금. 65세 이상, 한복 착용자, 매월 마지막 수요일 〈문화가 있는 날〉은 무료 관람.

출처: www.royalpalace.go.kr

심화자료

01 경복궁

- 조선 왕조 제일의 궁궐
- 북으로 북악산을 기대어 자리 잡았고 정문인 광화문 앞으로는 넓은 육조거리(지금의 세종로)가 펼쳐져, 왕도인 한양(서울) 도시 계획의 중심이 됨
- 1395년 태조 이성계가 창건하였고, 1592년 임진왜란으로 불타 없어졌다가, 고종 때인 1867년에 중건됨

〈경복궁의 정문-광화문〉
[출처] 문화재청 궁능유적본부 경복궁관리소

02 창덕궁

- 창덕궁은 북악산 왼쪽 봉우리인 응봉 자락에 자리 잡고 있는 조선의 궁궐
- 1592년 임진왜란으로 모든 궁궐이 소실되어 광해군 때에 재건된 창덕궁은 1867년 흥선대원군에 의해 경복궁이 중건되기 전까지 법궁(法宮) 역할
- 조선의 궁궐 중 가장 오랫동안 임금들이 거처했던 궁궐로 정자, 연못, 괴석이 어우러진 왕실의 후원은 현재 남아있는 조선의 궁궐 중 그 원형이 가장 잘 보존되어 있고 자연과 조화로운 배치와 한국의 정서가 담겨있다는 점에서 1997년 유네스코 세계유산으로 등록됨

[출처] www.cdg.go.kr

03 김홍도(1745~1806?)

- 조선시대 풍속화가
- 영 · 정조의 문예부흥기부터 순조 초기에 활동
- 어린 시절 강세황의 지도를 받아 그림을 그렸고, 그의 추천으로 도화서 화원이 되어 정조의 신임 속에 당대 최고의 화가로 자리 잡음. 산수, 인물, 불화, 풍속 등 모든 장르에 능하였지만, 특히 산수화와 풍속화에서 뛰어난 작품을 남김

김홍도 '고누놀이'
[출처] 두산백과

04 신윤복(1758~?)

- 조선 후기의 풍속화가
- 김홍도, 김득신과 더불어 조선시대 3대 풍속화가
- 양반층의 풍류와 남녀 간의 연애, 기녀 등 도시적 감각과 해학으로 그림. 가늘고 유연한 선과 원색의 산뜻하고 또렷한 색을 사용한 것이 특징. 특히 초상기법으로 그린 ≪미인도≫는 조선 여인의 아름다움을 잘 드러낸 걸작으로 손꼽힘

[출처] 두산백과

참고자료

경복궁
https://www.royalpalace.go.kr

대단원 정리 『한국의 전통과 역사』

[기초 1] 교재 126-131쪽

개관

이 차시의 목표는 『한국의 전통과 역사』 영역에서 배운 '가족과 공동체', '명절과 기념일', '한국의 역사적 인물', '역사가 담긴 문화유산'에 대한 내용을 학습자들이 스스로 정리해 보며, 한국의 전통과 역사를 이해할 수 있도록 지원하고 조력한다.

단계		교수 · 학습활동	교수 자료	시간
도입	학습 내용 환기하기	○ **학습 내용 환기하기** 『한국의 전통과 역사』 영역에서 배운 '가족과 공동체', '명절과 기념일', '한국의 역사적 인물', '역사가 담긴 문화유산'에 대한 내용을 배웠습니다. 새롭게 알게 되었거나 기억나는 내용은 무엇인가요?	(PPT #1)	5분
	대단원 내용 정리	○ **대단원 내용 정리하기** 〈보기〉에서 알맞은 것을 빈칸에 써 보세요. '가족과 공동체' 빈칸에 들어갈 내용은 무엇인가요? '명절과 기념일' 빈칸에 들어갈 내용은 무엇인가요? '한국의 역사적 인물' 빈칸에 들어갈 내용은 무엇인가요? '역사가 담긴 문화유산' 빈칸에 들어갈 내용은 무엇인가요?	(PPT #2-3)	10분
전개	스스로 해결하기	○ **과제 확인하기** 스스로 해결하기의 제목은 무엇인가요? 공항버스 번호를 알기 위해서는 어떤 문제를 해결해야 하나요? ○ **과제 해결하기** '어린이들이 바르고 씩씩하게 자라기를 바라면서 만든 기념일'은 몇 번인가요? '세종대왕이 한글을 만든 것을 기념하는 날'은 몇 번인가요? '1945년 일본으로부터 나라를 되찾은 것을 기념하는 날'은 몇 번인가요? '부모님께 고마움을 전하는 날'은 몇 번인가요? 순서에 맞게 공항버스 번호를 빈칸에 써 봅시다.	(PPT #4)	10분
	스스로 탐구하기	○ **스스로 탐구하기** 스스로 탐구하기의 제목은 무엇인가요? 세계 여러 나라의 화폐에 담긴 인물을 알아볼까요? 먼저 한국의 5만 원권의 인물은 누구인가요? 조선시대의 뛰어난 예술인으로서 가정도 훌륭하게 이끌어 간 '신사임당'입니다. 교재 속 화폐 외에도 여러분의 고향 나라 화폐 속 인물에 대해 소개해 보세요.	(PPT #5)	10분
	스스로 평가하기	○ **스스로 평가하기** 129쪽에 제시된 문제를 잘 읽고 정답을 맞혀 봅시다. 첫 번째, 〈보기〉에서 한국의 가족 모습에 대한 옳은 설명을 모두 고른 것은 몇 번입니까? 두 번째, 한국의 국경일과 기념일의 명칭-날짜를 바르게 표기한 것은 몇 번입니까? 세 번째, 한국의 역사적 인물에 대한 설명으로 옳지 않은 것은 몇 번입니까? 네 번째, 다음 내용이 설명하는 그림으로 옳은 것은 몇 번입니까?	(PPT #6-9)	10분
정리	화보	○ **화보 살펴보기** 여러분은 한국의 세계유산에 대해 들어본 적이 있나요? 유네스코에서는 오랜 시간 동안 잘 지켜져 왔고, 세계와 인류를 위해 보호해야 할 가치가 있는 문화재나 자연을 지정하여 보호, 관리합니다. 이를 세계유산이라고 합니다. 이 중에서 혹시 가고 싶은 장소가 있나요? 여러분의 고향 나라에 있는 유네스코 세계유산이나 유명한 문화재에 대해 소개해 볼까요?	(PPT #10-11)	5분

대단원 내용 정리 답안

9. 가족과 공동체	• 확대 가족	• 핵가족	• 공동체
10. 명절과 기념일	• 세배	• 5월 5일	• 5월 8일
11. 한국의 역사적 인물	• 이순신	• 첨성대	
12. 역사가 담긴 문화유산	• 경복궁	• 김홍도	

스스로 해결하기 답안

공항버스 번호를 찾아라!

1. 첫 번째 번호: 7(어린이날)
2. 두 번째 번호: 9(한글날)
3. 세 번째 번호: 1(광복절)
4. 네 번재 번호: 4(어버이날)

공항버스 번호 ⇒

7	9	1	4

스스로 탐구하기 예시 답안

세계 여러 나라의 화폐에 담긴 인물을 알아볼까요?

(예) 필리핀 화폐 20페소 : 마누엘 루이스 케손(Manuel Luis Quezon y Molina)(1878-1944) - 필리핀의 정치인이자 독립운동가이며, 1935년 새롭게 수립된 필리핀 자치령의 초대 대통령을 지냈다.

스스로 평가하기 답안

1. ④ 2. ① 3. ② 4. ②	
1. (정답 해설)	ㄱ. 최근에는 결혼을 꼭 해야 한다는 생각을 가진 사람이 줄어들고 노인 인구가 증가하면서 1인 가구가 늘어나고 있다. ㄷ. 과거에는 결혼한 자녀가 부모와 함께 사는 확대 가족이 많았지만 요즘은 자녀가 결혼한 이후에 부모와 떨어져 사는 핵가족이 대부분이다.
2. (정답 해설)	② 한글날 - 10월 9일 ③ 어버이날 - 5월 8일 ④ 광복절 - 8월 15일
3. (정답 해설)	② 이순신은 임진왜란 때 나라를 구한 장군으로 100원 동전에 그려져 있다.
4. (정답 해설)	① 풍속화: 김홍도의 「서당」 ③ 풍속화: 신윤복의 「단오풍정」 ④ 풍속화: 김홍도의 「무동」

기초1
[활동지 예시 답안]

한국사회 이모저모

1. 한국 소개 〈고향 나라와 한국의 상징 및 특징에 대해 이야기하기〉	
1.	공통점: (예) 두 국기 모두 그 나라를 상징합니다. 그리고 두 국기에 모두 붉은색이 있습니다. 차이점: (예) 중국의 국기는 붉은 바탕에 노란색 별이 다섯 개 있지만 한국의 국기는 하얀 바탕에 태극 문양이 있습니다.
2.	(예) 중국 (예) 베이징 (예) 중국의 수도로 2008년, 2022년에 올림픽을 개최한 도시입니다. 베이징에는 고궁, 만리장성, 이화원 등 유명한 장소가 많습니다. 그래서 여행을 오는 사람들이 많습니다. 그리고 베이징덕이라는 음식이 유명합니다.
2. 편리한 교통과 통신 〈한국의 교통에 대해 이야기하기〉	
1	마을 버스, 지하철, (시내)버스, KTX(케이티엑스)
2	(예) 제가 자주 이용하는 대중교통은 버스입니다. (예) 버스는 집 근처에서 탈 수 있고 환승 할인을 받으면 교통비를 절약할 수 있습니다. (예) 출퇴근 시간이나 길이 막힐 때는 버스를 못 탈 때도 있고, 버스를 타도 이동 시간이 오래 걸립니다.
3. 국민의 건강과 안전 〈한국의 안전 제도에 대해 이야기하기〉	
1	긴급 신고, 대피소 조회, 재난 뉴스 확인, 날씨 정보 확인, 재난 안전 정보 확인
2	(예) 저는 119를 알고 있습니다. 119는 한국 소방서의 전화번호입니다. (예) 119는 불이 나거나 응급 환자가 생겼을 때 전화해서 도움을 받을 수 있습니다.
4. 모두가 행복한 삶 〈한국의 복지 제도에 대해 이야기하기〉	
1	생계지원금
2	(예) 저는 4살 아이가 있습니다. 그런데 아직 어린이집에 가지 못해서 집에서 육아를 하고 있습니다. 그래서 어린이집이 더 많아지면 좋겠습니다.

기초1
[활동지 예시 답안]

한국의 문화와 교육

5. 한국의 대중문화 〈고향 나라와 한국의 대중문화 비교하기〉		
1	공통점	(예) 두 국가 모두 음악을 통해 사랑에 대한 강한 감정을 표현하는 경향이 있습니다. 이는 가사뿐만 아니라 멜로디에서도 드러납니다. 또, 한국의 현대 대중음악에서 전통적인 요소를 쉽게 찾을 수 있는 것처럼, 러시아에서도 국립 무용단이나 오케스트라를 통해 전통 음악이 계승되고 있습니다.
	차이점	(예) 한국의 음악 산업은 아이돌 그룹을 중심으로 구성되어 있으며, 이들은 엄격한 훈련 과정을 거치고, 음악 외에도 춤과 비주얼, 패션 등에 중점을 둡니다. 반면에 러시아의 음악 산업은 주로 솔로 아티스트나 밴드를 중심으로 이루어져 있습니다.
2	(예) 콘텐츠 제목: 이상한 변호사 우영우 기억에 남은 이유: 따뜻한 분위기와 마음이 느껴지는 드라마였기 때문에	

6. 휴식이 있는 삶 〈한국의 관광지에 대해 이야기 나누기〉	
1	(예) 선생님: 여러분, 오늘은 단어 맞히기 게임을 해보려고 합니다. 주제는 "한국의 여행지"이며, 쪽지에 어떤 여행지가 적혀있을 거예요. (선생님은 학생들에게 쪽지를 나눠준다. 5명은 '제주도'라고 적힌 쪽지를 받고, 1명은 빈 쪽지를 받는다.) 학생 A: 이 곳에서는 푸른 바다와 아름다운 자연을 만날 수 있어요. 학생 B: 저는 이 곳의 맛있는 음식이 생각나네요. 특히 해산물이 유명하죠. 학생 C (술래): 저는 이 곳에서 역사적인 장소를 방문하는 것을 좋아합니다. 학생 D: 제가 방문한 이 곳에서는 화산과 관련된 특별한 경치를 볼 수 있었어요. 학생 E: 이 곳의 독특한 말투도 잊을 수 없어요. 사람들이 정말 친절했죠. 선생님: 모두 말했으니, 이제 술래가 누구인지 투표해 보세요. (학생들이 투표를 하고 학생 C가 가장 많은 표를 받는다.) 선생님: 학생 C가 술래로 선택되었습니다. 이번 게임의 주제 단어는 무엇이라고 생각하나요? 학생 C (라이어): 제 생각에는... '제주도'가 아닐까요? 선생님: 정답입니다! 술래가 단어를 맞혔으니, 술래의 승리입니다.
2	(예) 제주도는 한라산과 청정 자연으로 유명합니다. 관광객들은 서귀포의 천제연 폭포, 제주 올레길에서의 산책, 우도에서의 자전거 타기를 즐깁니다. 제주 흑돼지, 신선한 해산물, 감귤류는 먹을거리로 인기가 높습니다. 용눈이 오름, 성산 일출봉 등은 자연의 아름다움을 감상하기에 좋은 장소입니다.

7. 한국의 보육과 학교 교육 〈한국과 고향 나라의 교육 제도에 대해 이야기하기〉

1

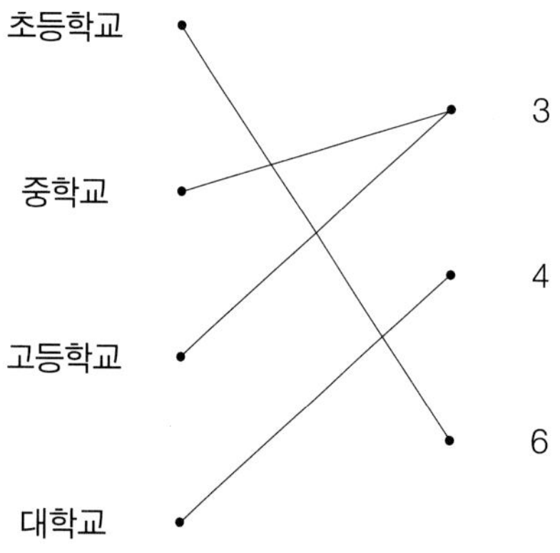

2

(예) 한국의 기본 교육 체계는 크게 초등학교, 중학교, 그리고 고등학교로 구분됩니다. 아이들은 초등학교에서 6년, 중학교에서 3년, 고등학교에서 3년 동안 학교 교육을 받게 됩니다. 특히 초등학교와 중학교 교육은 의무적으로 받아야 하는 의무 교육입니다. 태국의 교육체계는 한국과 비슷한 부분이 있지만 몇 가지 차이점이 있습니다. 태국에서는 유치원 3년, 초등학교 6년, 중학교 3년, 고등학교 3년의 학제를 운영합니다. 무상으로 지원되는 의무교육은 유치원부터 중학교까지 12년입니다. 대학 진학률의 경우 한국은 70% 정도인데 태국은 40~45% 정도의 학생들이 대학에 진학합니다. 매년 2개의 학기로 나뉘고 1학기 후에는 여름방학이 있고, 2학기가 끝나면 겨울방학을 보내게 되는 것은 한국과 태국이 같습니다.

8. 한국의 대학과 평생 교육 〈학점은행제 과정 알아보기〉

1

학습자 등록(1,4,7,10월) -〉 학점 취득 -〉 학점인정 신청(1,4,7,10월) -〉 학점인정처리 -〉 학점인정 처리결과 확인 -〉 학위신청(12/15~1/15, 6/15~7/15) -〉 학위 수여(2월, 8월)

2

공통점	차이점	
	대학교	학점은행제
- 학위 취득 시 법적으로 동일한 학력을 인정받음 - 각종 자격 취득, 취업, 진학 가능함 - 전공을 선택해야 함 - 2월, 8월 학위를 수여함	- 수능 등 입학전형을 통해 입학 - 학교에서 제공하는 교육과정에 따라 수업 이수 - 캠퍼스가 있음 - 입학, 졸업 개념이 있으며, 졸업 연한이 정해져 있음	- 스스로 표준 교육과정을 기준으로 필요한 학점 이수 - 다양한 학점 취득방법이 있음 - 전문학사, 학사, 전문학사 타전공, 학사 타전공 과정이 있음

기초1
[활동지 예시 답안]

한국의 전통과 역사

9. 가족과 공동체 〈가족과 관련된 기념일 소개하기〉		
1	고향 나라의 기념일	(예) 일본에서는 어머니의 날, 아버지의 날이 따로 있습니다.
	기념일에 하는 일	(예) 어머니의 날은 매년 5월 둘째 일요일이고 아버지의 날은 6월 셋째 일요일입니다. 일본에서도 부모님께 카네이션을 선물합니다.
2	고마운 분에 대해 이야기 나누기	• 이름(관계): (예) 나타샤(언니) • 고마웠던 이유: (예) 저의 언니, 나타샤는 저를 위해 많은 것을 양보했습니다. 한국 유학생인 저를 위해 열심히 고향에서 일하며 저의 학비를 도와주고 있어서 정말 고맙습니다. • 가족에게 하고 싶은 말: (예) 지금 자주 볼 수 없지만 항상 보고 싶습니다. 가족 모두들 건강하세요.
10. 명절과 기념일 〈고향 나라의 명절 소개하기〉		
1	대표적인 명절	(예) 제 고향, 베트남에서 가장 큰 명절은 '뗏'입니다. 음력 1월 1일로 친척과 이웃 등을 방문하고 서로 덕담을 나누고 한 해의 복을 기원합니다.
	명절에 먹는 음식의 의미	(예) 베트남 설날인 뗏의 대표 음식은 반쯩이다. 반쯩은 네모난 모양으로 땅을 의미한다.
2	명절에 대한 경험 이야기하기	• 언제: (예) 저는 지난 음력 8월 15일, 추석에 한국인 친구 집에 방문하였습니다. • 인상 깊었던 것: (예) 추석에 먹는 송편이 인상 깊었습니다. • 인상 깊었던 이유: (예) 왜냐하면 온 가족이 모여서 송편을 만드는 모습이 흥미로웠기 때문입니다.
11. 한국의 역사적 인물 〈고향 나라의 화폐 소개하기〉		
1	고향 나라의 화폐	(예) 독일의 화폐는 유로화입니다. 유로화는 유럽연합 국가가 같이 사용하는 화폐로 특정한 인물 대신 다양한 건축물로 그려졌습니다.
	한국의 화폐	(예) 한국의 화폐는 지폐에 따라 인물이 다릅니다. 오만 원에는 신상임당, 만 원에는 세종대왕, 오천 원에는 율곡 이이, 천 원에는 퇴계 이황이 그려져 있습니다.
2	인기 많은 한국인	• 이름: (예) 김민재 • 하는 일: (예) 축구 선수 • 인기있는 이유: (예) 독일 바이에른 뮌헨에서 뛰어난 수비수이기 때문입니다.
12. 역사가 담긴 문화 유산 〈조선 시대 궁궐 '경복궁'을 소개하기〉		
1	편지	(예) 사랑하는 내 동생에게 잘 지내니? 오늘 나는 한국어 수업 시간에 한국에서 유명한 경복궁에 대해서 배웠어. 경복궁은 조선 시대의 궁궐로 왕과 왕비, 그들의 돕는 신하들이 살던 곳이야. 경복궁의 정문을 광화문이라고 해. 한국의 지폐에 있는 세종대왕도 경복궁에서 살았다니 정말 신기하더라. 조만간 가족들이 한국에 여행을 온다면 같이 구경을 가자. 그날을 기다릴게.

제 2 편

1 법이 필요한 이유

[기초 2] 교재 14-21쪽

개관

이 차시의 목표는 법의 의미와 법을 지켜야 하는 이유를 설명하고, 안전한 생활을 위한 법의 사례를 제시하는 것이다. 이를 위해 법의 의미, 준법의 필요성, 안전한 사회생활을 위한 법, 학교 폭력 예방을 위한 법에 대한 내용을 학습한다.

단계		교수 · 학습활동	교수 자료	시간
도입	생각해 보기	○ **직장인의 하루 일과 모습 이야기하기** 다음은 직장인의 하루 일과 모습입니다. 안전하게 통행할 수 있는 것, 안전한 환경에서 일하는 것, 식당에서 신선한 음식을 먹는 것, 강아지와 산책할 때 목줄을 챙겨야 하는 것은 어떤 법과 관련이 있습니까? 이와 같이 일상생활에서 법과 관련해 경험해 본 사례에 대해 이야기해 봅시다.	(PPT #1-2)	4분
	학습목표	○ **학습목표 제시** 1. 법의 의미와 법을 지켜야 하는 이유를 설명할 수 있다. 2. 안전한 생활을 위한 법의 사례를 제시할 수 있다.	(PPT #3)	1분
전개	주제1 (강의)	○ **법의 의미** 사람들은 모두 한 사회 속에서 살아갑니다. 다툼이나 갈등을 해결하고, 모두의 안전과 행복을 지키기 위해서는 무엇이 필요할까요? 법이란 강제성 있는 규칙을 의미합니다. 법은 시대에 따라 바뀌기도 하고 새로 만들기도 합니다. 법에는 어떤 내용들이 규정되어 있을까요? 법에 따라 제재 받는 상황에는 무엇이 있을까요? ○ **준법의 필요성** 만약 법을 지키지 않는 사람들이 많다면 어떤 상황이 발생할까요? 사회의 모든 구성원이 법을 잘 지킬 때 개인의 권리를 보호하고 사회 질서를 유지할 수 있습니다.	(PPT #4-5)	10분
	알아두면 좋아요 1	○ **쓰레기를 함부로 버리면 안 돼요** 한국에서는 쓰레기를 버릴 때 정해진 곳에 버리거나 종량제 봉투에 넣어 버려야 합니다. 이를 지키지 않을 경우는 벌금을 내야 합니다.	(PPT #6)	5분
	주제2 (강의)	○ **안전한 사회생활을 위한 법** 법은 사회 구성원 모두의 건강과 안전을 보호하는 역할을 합니다. 감염병 확산을 위해 어떤 법이 새로 생길 수 있을까요? 마약으로부터 소중한 일상을 지키기 위해 법은 어떤 역할을 할까요? 음주 운전을 법으로 금지하고 있는 이유는 무엇일까요? 한국에서는 음주 운전자와 같이 차에 탄 사람도 함께 처벌받습니다. ○ **학교 폭력 예방을 위한 법** 한국에서는 법을 통해 학교생활을 하면서 발생할 수 있는 폭력을 예방하고 해결하기 위해 노력하고 있습니다. 학교 폭력 유형에는 어떤 것들이 있나요? 학교 폭력을 보았거나 그러한 사실이 있다는 것을 알게 된 경우 어떻게 해야 할까요?	(PPT #7-8)	10분
	알아두면 좋아요 2	○ **등하굣길에서는 천천히 운전하세요** 유치원, 초등학교 앞, 등하굣길 주변은 법에 따라 어린이 보호 구역으로 지정되어 있습니다. 이 구역에서는 자동차 속도는 몇 km를 넘으면 안 되나요? 그리고 지켜야 하는 사항에는 무엇이 있나요?	(PPT #9)	5분
정리	내용 정리하기	○ **핵심 내용 정리**	(PPT #10-12)	7분
	함께 이야기 나누기	○ **변화하는 한국의 전통 옷, 한복에 대해 알아보기** 법과 제도는 시대나 사회의 변화에 따라 바뀌기도 하고 새로 만들기도 합니다. 한국 생활 중에 경험했던 법과 제도 중 여러분의 고향 나라와 어떤 것이 달랐는지 이야기를 나눠 봅시다. ○ **다음 차시 예고**	(PPT #13)	8분

학습 내용 정리

01 법은 왜 지켜야 할까?

1) 법의 의미

① 법: 사회 구성원들의 합의에 따라 만든 강제성 있는 규칙

② 법은 시대에 따라 바뀌기도 하고 새로 만들어지기도 함

③ 법은 사람들이 함께 살아가는 데 필요한 것, 해야 할 것, 하지 말아야 할 것 등을 규정하고 있음

2) 준법의 필요성

① 법을 어기면 다른 사람과 사회 전체가 피해를 볼 수 있음

② 법을 잘 지킬 때 개인의 권리를 보호하고 사회 질서를 유지할 수 있음

02 안전을 위한 법에는 무엇이 있을까?

1) 안전한 사회생활을 위한 법

① 법은 사회 구성원의 건강과 안전을 보호하는 역할을 함

② 감염병 확산 예방을 위한 마스크 착용, 마약 단속 및 예방이 그 예임

③ 음주 운전 적발 시 사고가 발생하지 않아도 강력히 처벌함

2) 학교 폭력 예방을 위한 법

① 한국에서는 법을 통해 학교 폭력을 예방하고 해결하기 위해 노력함

② 학교 폭력 유형: 신체 폭력, 언어 폭력, 금품 갈취, 강요, 따돌림, 성폭력 등

1 법이 필요한 이유

내용 정리하기 답안

1	법의 의미	사회 구성원들의 합의에 따라 만든 강제성 있는 규칙
	안전한 사회생활을 위한 법	감염병 예방 노력, 음주 운전 금지
	준법의 필요성	개인의 권리 보호와 사회 질서 유지
2	법을 지키지 않으면 다른 사람에게 피해를 준다. (○)	외국인도 한국 사회에서 법을 반드시 지켜야 한다. (○)
	법은 한 번 정해지면 바뀌지 않는다. (×)	학교에서 일어나는 폭력은 법의 보호를 받을 수 없다. (×)
3	• 사회 구성원들의 합의에 따라 만들어진 강제성 있는 규칙을 (법)이라고 한다.	
	• 법을 잘 지킬 때 개인의 (권리)를 보호하고 사회 질서를 유지할 수 있다.	

함께 이야기 나누기 예시 답안

- (예) 한국은 의무 교육 기간이 초등학교(6년)~중학교(3년)까지 총 9년인데, 저의 고향 나라는 고등학교 기간까지 포함해 총 12년입니다.
- (예) 한국에서 집을 구할 때 전세 제도(집주인에게 일정한 돈을 보증금으로 맡기고 집을 빌린 뒤, 계약 기간이 끝나면 보증금을 다시 돌려받음)가 널리 활용되고 있는 것이 독특했습니다.

새로운 법이나 제도 제안하기

01 한국에서의 생활을 바탕으로 새로운 법이나 제도를 제안해 봅시다.

새로운 법이나 제도 명칭	
법이나 제도를 제안하는 까닭	
주요 내용	

02 새로운 법이나 제도를 제안하는 홍보 내용을 간단한 문구나 그림으로 표현해 봅시다.

도움자료

◉ '국민생각함'에 대해 알고 있나요?

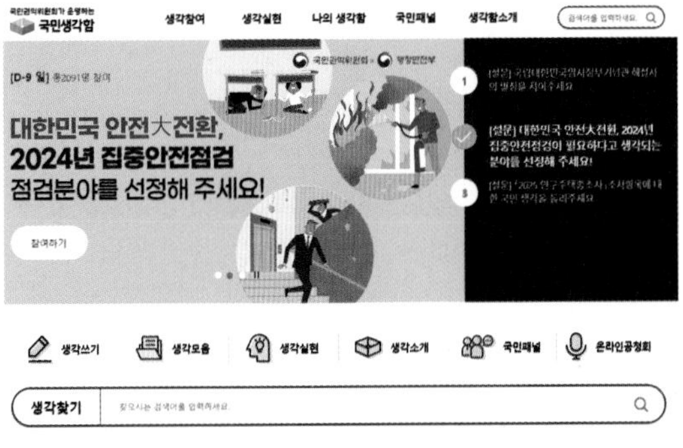

- 국민권익위원회에서 운영하는 온라인 "정책소통공간"으로, 일상에서 마주하는 여러 가지 공공 의제에 대해 서로 생각을 나누고 좋은 생각은 함께 발전시켜 정부 정책으로 구현될 수 있음
- 출처: 국민권익위원회 국민생각함 누리집(www.epeople.go.kr/idea)
- 참여 방법: ① PC, 모바일 등 인터넷 포털에서 '국민생각함'을 검색하거나 주소창에 'www.epeople.go.kr/idea'를 직접 입력해서 방문하기 ② 국민생각함 회원가입 후 생각을 남기거나 다른 생각에 찬성 · 반대 등 의견을 더하기 ③ 내가 참여한 생각과 정책으로 실현된 우리의 생각들을 확인하기

심화자료

01 법의 필요성

- 인간이 사회생활을 하려면 사람과 사람 사이의 관계를 정립해 줄 수 있는 원칙과 질서가 필요함. 이러한 원칙과 질서를 형성하도록 명시해 놓은 것이 바로 넓은 의미의 법임. 따라서 법은 사람들이 함께 모여 사는 사회생활에서 사람들의 행동을 규율하는 질서와 원칙을 형성해 주는 삶의 중요한 요소라고 할 수 있음
- 사회는 '법의 지배(rule of law)' 위에서만 유지되고 존속될 수 있음. 법의 지배란 사회의 구성원들이 민주적인 입법 과정에 따라 고안한 규범이 있고, 모든 구성원들이 그 규범을 존중하여 따를 때 이루어짐.
- 규범을 존중하여 따른다면 사회 구성원들은 서로의 이해관계를 조화롭게 조정하고 규율할 수 있는 슬기로운 방법을 알 수 있게 될 것임
- 즉 우리의 일상생활에서 법이 필요한 이유는 무엇보다도 이러한 이해와 이익을 조화롭게 조정할 수 있는 수단을 가짐으로써, 그 기초 위에 각자의 삶을 원하는 대로 살아갈 수 있는 자유를 얻기 위해서라고 할 수 있음

[출처] 법무부, 한국인의 법과 생활, 2019

02 마약 개념 및 관련 법률

- 마약의 개념
  - 마약류란 일반적으로 느낌, 생각 또는 행태에 변화를 줄 목적으로 섭취하여 정신에 영향을 주는 물질을 말하며, 협의로는 오 · 남용의 방지를 목적으로 그 생산, 판매, 사용이 통제되는 약물을 지칭하고, 법률적으로는 「마약류 관리에 관한 법률」에 정의된 마약, 향정신성의약품 및 대마를 총칭함
- 마약 관련 법률
  - 마약류를 규제하는 법률로는 마약류 관리에 관한 법률(이전 마약법 · 대마관리법 · 향정신성의약품관리법을 하나로 통합한 법률) 및 마약류 불법 거래 방지에 관한 특례법, 특정 범죄 가중 처벌 등에 관한 법률, 형법 등이 있음
  - 「마약류 관리에 관한 법률」 제1조(목적): 이 법은 마약 · 향정신성 의약품 · 대마 및 원료 물질의 취급 · 관리를 적정하게 함으로써 그 오용 또는 남용으로 인한 보건상의 위해를 방지하여 국민 보건 향상에 이바지함을 목적으로 함

[출처] 한국마약퇴치운동본부 누리집, 2023

03 학교 폭력의 정의 및 절차

• 학교 폭력의 정의

– '학교 폭력 예방 및 대책에 관한 법률'에서는 학교 폭력을 '학교 내 · 외에서 학생을 대상으로 발생한 상해, 폭력, 감금, 협박, 약취 · 유인, 명예 훼손 · 모욕, 공갈, 강요 · 강제적 심부름 및 성폭력, 따돌림, 사이버 따돌림, 정보 통신망을 이용한 음란 · 폭력 정보 등에 의하여 신체 · 정신 또는 재산상의 피해를 주는 행동이라고 정의하고 있음

• 학교 폭력 사안 발생 시 절차

– 학교 폭력 사안에 대해 자세하게 조사한 후, 관련된 자료를 수집한 뒤 학교폭력대책자치위원회를 열게 됨. 학교폭력대책자치위원회에서는 조사 결과와 의견진술을 바탕으로 가해 학생과 피해 학생에게 각각 어떤 조치를 취할지 결정하게 됨

[출처] 법무부, 청소년의 법과 생활, 2019

참고자료

한국마약퇴치운동본부
http://antidrug.drugfree.or.kr

2 일상생활 속의 법

[기초 2] 교재 22-29쪽

개관

이 차시의 목표는 가정생활과 법의 관계, 근로 생활과 법의 관계를 설명하는 것이다. 이를 위해 혼인 신고와 출생 신고, 아동 학대 신고, 근로 계약 맺기, 법으로 정해 놓은 근로 시간에 대한 내용을 학습한다.

단계		교수 · 학습활동	교수 자료	시간
도입	생각해 보기	○ **일상생활과 법에 대해 이야기하기** 다음은 우리의 일상생활이 법과 어떻게 연결되어 있는지 보여 주는 그림입니다. 이외에도 우리 생활 속에서 찾아볼 수 있는 법에는 어떤 것들이 있는지 이야기해 봅시다.	(PPT #1-2)	4분
	학습목표	○ **학습목표 제시** 1. 가정생활과 법이 어떤 관계에 있는지 설명할 수 있다. 2. 근로 생활과 법이 어떤 관계에 있는지 설명할 수 있다.	(PPT #3)	1분
전개	주제1 (강의)	○ **혼인 신고와 출생 신고** 사랑하는 두 사람이 만나 부부가 되는 것을 무엇이라고 하나요? 법적인 부부로 인정받기 위해서는 어떻게 해야 하나요? 한국에서 결혼이 가능한 나이는 몇 세인가요? 결혼 후 아이가 태어나면 아이 이름을 짓고 출생 신고를 해야 합니다. 출생 신고는 아이가 태어난 날로부터 며칠 이내에 해야 하나요? 아이 이름의 글자 수는 몇 자 이내로 할 수 있나요? 아이 이름 글자 수에 제한이 없는 경우도 있나요? ○ **아동 학대 신고** 아동 학대란 무엇인가요? 최근 한국에서는 아동 학대에 대한 법적 처벌 수위를 높이고 있습니다. 부모가 자신의 아이를 학대하는 경우에도 처벌을 받습니다. 다른 사람의 아동 학대 사실을 알게 되면 어떻게 해야 하나요?	(PPT #4-5)	10분
	알아두면 좋아요 1	○ **아동 학대를 발견했을 때 이렇게 하세요** 아동 학대로 의심되는 상황을 발견하게 되면 112로 신고를 합니다. 교재에 제시된 아동 학대 신고 방법 3단계 과정과 아이지킴콜 112 모바일 앱을 살펴봅시다.	(PPT #6)	5분
	주제2 (강의)	○ **근로 계약 맺기** 직장에서 일을 시작하기 전에 먼저 근로 계약을 맺어야 합니다. 근로 계약서에는 어떤 내용이 담겨 있어야 하나요? 근로 계약서는 2부를 작성하여 근로자 자신과 회사 담당자가 갖고 있도록 합니다. 유학생도 한국에서 일을 할 수 있습니다. 유학생은 주 몇 시간 근무할 수 있나요? ○ **법으로 정해 놓은 근로 시간** 한국의 5인 이상 사업장은 최대 몇 시간 일할 수 있도록 법으로 규정해 놓았나요? 추가로 일할 수 있는 시간은 주당 몇 시간인가요? 추가로 일을 할 경우 임금은 어떻게 되나요?	(PPT #7-8)	10분
	알아두면 좋아요 2	○ **시간제로 일을 할 때에도 계약서를 꼭 써요!** 카페나 음식점에서 시간을 정해서 일을 하게 될 때에도 반드시 근로 계약서를 작성해야 합니다. 근로 계약 내용 외에 근로 날짜와 시간을 추가로 명시해야 합니다. 그 이유는 무엇일까요?	(PPT #9)	5분
정리	내용 정리하기	○ **핵심 내용 정리**	(PPT #10-12)	7분
	함께 이야기 나누기	○ **일상생활 속에서 다른 사람에게 피해를 주는 행동의 예** 한국에서는 다른 사람에게 피해를 주는 행동을 할 경우에는 법적으로 제재를 받을 수 있습니다. 다른 사람에게 피해를 주거나 불쾌감을 느끼게 하는 행동에는 어떤 것이 있나요? 여러분의 고향 나라에서는 일상생활에서 어떤 행동을 하면 안 되는지 이야기를 나눠 봅시다. ○ **다음 차시 예고**	(PPT #13)	8분

학습 내용 정리

01 가정생활과 관련 있는 법에는 무엇이 있을까?

1) 혼인 신고와 출생 신고
   ① 법적인 부부로 인정받기 위해서는 시 · 군 · 구청에 혼인 신고를 해야 함
   ② 한국에서는 18세가 되면 결혼할 수 있음
   ③ 19세가 안 된 미성년자의 경우 부모의 동의가 있어야 결혼할 수 있음
   ④ 출생 신고는 아이가 태어난 날로부터 1개월 이내에 출생 지역의 구청 · 행정복지센터에서 함
   ⑤ 아이 이름의 글자 수는 성을 제외하고 5자 이내로 제한됨
2) 아동 학대 신
   ① 아동 학대: 아동의 건강을 해롭게 하거나 신체적 · 정신적 · 성적 폭력, 방임 등이 해당됨
   ② 부모가 자신의 아이를 학대하는 경우에도 처벌받음
   ③ 아동 학대 사실을 알게 되면 아동보호전문기관이나 경찰서에 신고해야 함

02 근로 생활과 관련 있는 법에는 무엇이 있을까?

1) 근로 계약 맺기
   ① 직장에서 일을 시작하기 전에는 반드시 근로 계약서를 작성해야 함
   ② 유학생도 한국어 능력이나 학위 과정에 따라 주 10시간에서 최대 30시간 근무가 가능함
2) 법으로 정해 놓은 근로 시간
   ① 한국의 5인 이상 사업장은 1주 40시간, 1일 8시간을 넘게 일할 수 없음
   ② 회사와 근로자가 합의하면 1주 간에 12시간 이내로 더 일할 수 있음
   ③ 추가로 일을 할 경우에는 원래 임금에 50%를 더한 임금을 받도록 하고 있음

2 일상생활 속의 법

내용 정리하기 답안

<table>
<tr><td rowspan="4">1</td><td>10~30시간</td><td>한국에서 19세 미만인 사람이 결혼할 때 필요한 것</td></tr>
<tr><td>부모의 동의</td><td>출생신고를 해야 하는 기간</td></tr>
<tr><td>아이가 태어난 후 1개월 이내</td><td>유학생이 한 주 동안 일할 수 있는 시간</td></tr>
<tr><td>12시간</td><td>회사와 근로자가 합의한 경우 1주일에 추가로 일할 수 있는 최대 시간</td></tr>
<tr><td rowspan="2">2</td><td>혼인 신고를 해야 정식으로 법적인 부부가 된다. (○)</td><td>아동 학대 사실을 봐도 가족이 아니면 신고할 수 없다. (×)</td></tr>
<tr><td>근로 계약서는 근로자와 회사 담당자가 1부씩 갖는다. (○)</td><td>한국에서는 근로 시간을 법으로 규정하고 있다. (○)</td></tr>
<tr><td rowspan="2">3</td><td colspan="2">• (아동 학대)란 성인이 아동의 건강을 해롭게 하거나 신체적 · 정신적 · 성적 폭력을 가하는 것, 아동의 보호자가 아동을 제대로 돌보지 않는 것 등을 말한다.</td></tr>
<tr><td colspan="2">• 법으로 정해진 근로 시간 이외에 추가로 근무했을 경우에는 원래 임금에 (50)%를 더한 임금을 받는다.</td></tr>
</table>

함께 이야기 나누기 예시 답안

• (예) 아래층에 사는 사람을 고려하지 않고, 집에서 뛰어다니는 행동
• (예) 비둘기에게 모이를 주면 안 돼요. (예) 길거리에서 껌을 씹으면 안 돼요.

아동 학대 예방하기

01 다음 아동 학대에 대한 유형과 설명을 바르게 연결해 봅시다.

신체 학대 •	• 기본적인 의식주를 제공하지 않는 행위
정서 학대 •	• 아동을 대상으로 한 모든 성적 행동
성 학대 •	• 언어폭력이나 심한 비교, 가족 내 따돌림, 집 밖으로 쫓아내는 행위
방임 •	• 사고로 보기에는 미심쩍은 멍이나 상처가 있을 때

02 아동 학대가 발생하지 않기 위해 어떤 법이나 제도를 마련하면 좋을지 이야기해 봅시다.

도움자료

⊙ 아동 학대와 아동 학대 신고

• 아동 학대의 개념 (아동복지법 제3조 제7호)
  - 아동 학대란 보호자를 포함한 성인에 의해 아동의 건강 · 복지를 해치거나 정상적 발달을 저해할 수 있는 신체적 · 정신적 · 성적 폭력 또는 가혹 행위 및 아동의 보호자에 의한 유기와 방임을 말합니다.

• 아동 학대 신고 (아동학대범죄의 처벌 등에 관한 특례법 제10조)
  - 누구든지 아동 학대 범죄를 알게 된 경우나 그 의심이 있는 경우에는 시 · 군 · 구 긴급전화 또는 수사기관에 신고할 수 있습니다.
  - 신고의무자는 직무를 수행하면서 아동 학대 범죄를 알게 된 경우나 그 의심이 있는 경우에는 시 · 군 · 구 아동 학대 전담 공무원 또는 수사기관에 신고하여야 합니다.
    (신고의무자는 직무수행에 있어 아동학대를 발견하기 용이한 25개의 직군에 해당하는 자이며, 유아교육법상 교직원, 아동복지시설의 종사자, 의료인 등이 포함됩니다.)

[출처] 안전 Dream 아동 · 여성 · 장애인 경찰지원센터 누리집(www.safe182.go.kr)

심화자료

01 한국인과 외국인 사이의 혼인 신고성

• 한국인 남자가 외국인 여자와 혼인한 경우
- 한국인 남자가 외국인 여자와 혼인한 경우에는 외국인 배우자는 한국인 남자와의 혼인 신고에 의하여 한국 국적을 취득하는 것은 아니므로, 한국인 배우자의 가족관계등록부에만 혼인 사유를 기록함
- 이후에 외국인 배우자가 귀화하여 한국 국적을 취득한 경우 법무부 장관의 국적 통보에 의하여 외국인 배우자의 가족관계등록부를 작성함
- 귀화자의 가족관계등록부가 작성되면 귀화자는 가족관계등록부 존재 신고를 한국인 배우자와의 혼인 신고가 되어 있는 시(구) · 읍 · 면의 장에게 하여야 함

• 한국인 여자가 외국인 남자와 혼인한 경우
- 한국인 여자가 외국인 남자와 혼인한 경우에는 한국인 여자의 가족관계등록부 배우자에 관한 특정등록사항란에 혼인 신고서에 기재된 배우자의 관련 사항을 기록함
- 외국인 남자가 귀화하여 한국 국적을 취득한 경우 가족관계등록부를 작성함
- 귀화자의 가족관계등록부가 작성되면 귀화자는 가족관계등록부 존재 신고를 한국인 여자와의 혼인 신고가 되어 있는 시(구) · 읍 · 면의 장에게 하여야 함

[출처] 대한민국법원 전자민원센터, 2023

02 유학생의 진로 탐색 기회 확대

• 전문 학사 · 학사 과정 시간제 취업 허용 시간을 주당 20시간에서 25시간으로 확대하고, 학업 성적, 한국어 능력이 우수한 경우에는 주당 5시간 추가 근무를 허용함. 이를 통해, 구인난을 겪는 소상공인을 지원하고 학업에 지장이 없는 범위에서 유학생에게 더 많은 취업 기회를 제공할 수 있을 것으로 예측됨

• 방학 중 유학생이 전문 분야에서 인턴 활동을 할 수 있도록 허용함. 기존에는 유학생이 통상 학생이 할 수 있는 아르바이트 수준의 단순 노무 분야에만 취업할 수 있었으나, 전공 분야에 전문성을 쌓고 국내 취업을 준비하는 데 도움이 될 것으로 기대됨

• 유학생이 법령에 따라 의무로 규정된 현장 실습, 교육부 고시에 따른 '표준 현장 실습 학기제'에 참여하는 경우에는 시간제 취업 허가를 받지 않아도 내국인 학생과 동일한 실습 기회를 부여받게 됨

[출처] 법무부 보도자료, 2023

03 근로 계약서를 써야 하는 까닭

- 근로 계약서는 임금, 근로 시간 등 핵심 근로 조건을 명확히 정하는 것으로, 근로자와 사업주 모두의 권리 보호를 위해 필요함
- 사용자가 근로계약을 서면으로 체결하고 이를 교부하지 않으면 500만 원 이하 벌금이 부과되며, 만약 기간제 · 단시간 근로자인 경우는 500만 원 이하의 과태료 처분을 받을 수 있음

[출처] 고용노동부, 2023

04 최저 임금제

- 국가가 임금의 최저 수준을 정하고, 사용자에게 이 수준 이상의 임금을 지급하도록 강제함으로써 저임금 근로자를 보호하는 제도
- 시급: 9,860원(2024년 기준)
- 최저 임금액보다 적은 임금을 지급한 경우 3년 이하의 징역 또는 2천만 원 이하 벌금에 처해질 수 있으며, 최저임금액 등을 근로자에게 알려 주지 않은 경우에도 100만 원 이하의 과태료 처분을 받을 수 있음

[출처] 고용노동부, 2023

참고자료

대한민국 전자민원센터 help.scourt.go.kr
법무부 www.moj.go.kr
고용노동부 www.moel.go.kr

3 법으로 문제를 해결해요

[기초 2] 교재 30-37쪽

개관

이 차시의 목표는 법의 도움을 받을 수 있는 제도와 기관, 재판의 의미와 종류를 설명하는 것이다. 이를 위해 마을 변호사 제도, 법률 상담 지원 기관, 재판의 의미, 재판의 종류에 대한 내용을 학습한다.

단계		교수 · 학습활동	교수 자료	시간
도입	생각해 보기	○ **법적인 문제를 해결하기 위한 제도나 기관에 대해 이야기하기** 다음은 우리가 일상생활에서 겪는 법적인 문제를 해결하기 위한 제도나 기관의 모습입니다. 이와 같은 제도나 기관을 알고 있나요? 이러한 제도나 기관은 어떠한 경우에 필요한지 이야기해 봅시다.	(PPT #1-2)	4분
	학습목표	○ **학습목표 제시** 1. 법의 도움을 받을 수 있는 제도와 기관을 설명할 수 있다. 2. 재판의 의미와 종류를 설명할 수 있다.	(PPT #3)	1분
전개	주제1 (강의)	○ **마을 변호사 제도** 본문에 제시된 ○○○ 씨는 어떤 고민을 하고 있나요? 이와 같은 어려움을 겪는 외국인을 위해 한국에서는 어떤 제도를 실시하고 있나요? 외국인을 위한 마을 변호사 제도를 이용하려면 어떻게 해야 하나요? ○ **법률 상담 지원 기관** 각 지역의 외국인 근로자 지원 센터나 지방자치단체에서도 이주민의 법률적 어려움을 해결하는 데 도움을 주는 프로그램을 운영하고 있습니다. 이러한 프로그램에서는 어떤 내용을 상담 받을 수 있을까요?	(PPT #4-5)	10분
	알아두면 좋아요 1	○ **대한법률구조공단에서 도움을 받을 수 있어요** 대한법률구조공단에서는 경제적 어려움 등으로 법의 보호를 충분히 받지 못하는 외국인을 위해 상담과 법률 서비스를 제공하고 있습니다. 이 서비스를 이용하려면 어떻게 해야 하나요?	(PPT #6)	5분
	주제2 (강의)	○ **재판의 의미** 사회생활을 하다 보면 사람들 간에 다툼이 발생하기도 합니다. 그리고 누군가 법을 어겨 다른 사람의 권리를 해치고, 사회 질서를 어지럽히기도 합니다. 이러한 문제를 법원에서 법에 따라 옳고 그름을 가리는 과정을 재판이라고 합니다. 한국에서는 원칙적으로 하나의 사건에 대해 세 번까지 재판을 받을 수 있습니다. 이러한 제도를 무엇이라고 하나요? 그리고 이 제도를 운영하고 있는 이유는 무엇인가요? ○ **재판의 종류** 재판은 사건의 종류에 따라 달라집니다. 민사 재판, 형사 재판, 가사 재판, 소년 보호 재판의 의미와 그 예를 말해 볼까요?	(PPT #7-8)	10분
	알아두면 좋아요 2	○ **외국인 재판 통역 지원 제도에 대해 알고 있나요?** 한국의 재판에 외국인과 관계된 사건이 많아지고 있습니다. 따라서 재판의 정확성과 공정성 확보를 위해 한국의 법원에서는 외국인이 재판에 참여할 때 통역 서비스를 지원하고 있습니다.	(PPT #9)	5분
정리	내용 정리하기	○ **핵심 내용 정리**	(PPT #10-12)	7분
	함께 이야기 나누기	○ **영화와 드라마에서도 재판하는 모습을 볼 수 있어요** 한국의 드라마와 영화에서도 재판 관련 이야기를 다룬 내용을 많이 볼 수 있습니다. 여러분이 재미있게 본 재판 관련 드라마나 영화는 무엇이 있나요? 한국의 재판 제도와 여러분의 고향 나라 재판 제도의 같은 점과 다른 점은 무엇인지 이야기를 나눠 봅시다. ○ **다음 차시 예고**	(PPT #13)	8분

학습 내용 정리

01 어떻게 법의 도움을 받을 수 있을까?

1) 마을 변호사 제도
   ① 한국 내 외국인에게 무료로 법률 상담 서비스를 제공하는 '마을 변호사 제도'를 운영하고 있음
   ② 체류, 비자, 근로 문제, 일상생활 문제 등 다양한 주제에 대해 상담이 가능함
2) 법률 상담 지원 기관
   ① 각 지역의 외국인 근로자 지원 센터나 지방자치단체에서도 이주민을 대상으로 법률 지원을 함
   ② 임금 문제, 집 계약, 가정 폭력, 체류 및 비자 등에 대해 상담을 받을 수 있음

02 재판이란 무엇일까?

1) 재판의 의미
   ① 법원에서 법에 따라 옳고 그름을 가리는 과정을 재판이라고 함
   ② 한국에서는 원칙적으로 하나의 사건에 대해 세 번까지 재판을 받을 수 있음(삼심 제도)
2) 재판의 종류
   ① 재판은 사건의 종류에 따라 달라짐
   ② 민사 재판, 형사 재판, 가사 재판, 소년 보호 재판 등이 있음

3 법으로 문제를 해결해요

내용 정리하기 답안

1	외국인을 위한 마을 변호사 제도 — 한국어 의사소통의 어려움과 정보 부족으로 어려움을 겪는 외국인에게 법률 상담을 지원하는 제도 재판 — 법원에서 법에 따라 옳고 그름을 가리는 과정 삼심제도 — 하나의 사건에 대해 세 번까지 재판을 받을 수 있는 제도	
2	외국인을 위한 마을 변호사 제도는 무료로 법률 상담 서비스를 제공한다. (○)	외국인 근로자 지원 센터에서는 법률 상담을 받기 어렵다. (×)
	법원은 재판을 통해 잘못한 사람을 벌한다. (○)	개인 간의 분쟁을 해결하는 재판은 형사 재판이다. (×)
3	• 사람들 간의 다툼이나 법을 어기는 사람이 있을 때는 법원에서 법에 따라 옳고 그름을 가리는데, 이를 (재판)이라고 한다.	
	• 이혼이나 상속 등 가족 간의 다툼을 해결하는 재판을 (가사 재판)이라고 한다.	

함께 이야기 나누기 예시 답안

- 영화 「재심」: 억울한 누명을 쓴 주인공의 진실을 찾기 위해 노력하는 변호사의 모습이 인상 깊었습니다.
- 제가 살던 고향 나라에서는 재판 절차에 일반인들이 참여하는 배심원 제도가 한국보다 활성화되어 있습니다.

한국의 재판에 대해 알아보기

01 다음 빈칸에 알맞은 내용을 〈보기〉에서 찾아 바르게 써 봅시다.

〈보기〉

• 형사 재판 • 소년 보호 재판 • 가사 재판 • 민사 재판

[①]

개인 간의 분쟁을 해결하는 재판

[②]

사회 질서를 위협하는 범죄 사건에 적용되는 재판

[③]

이혼이나 상속 등 가족간의 다툼을 해결하는 재판

[④]

청소년의 범죄 사건 등을 해결하는 재판

02 OO 씨 고향 나라와 한국에서의 재판 과정의 공통점과 차이점에 대해 이야기해 봅시다.

공통점	
차이점	

도움자료

◉ 그 밖의 다양한 재판

재판 종류	주요 내용
가정 보호 재판	• 일정한 가족 구성원 사이의 가정 폭력 사건 등에 대하여 원한만 해결을 도와주고 보호 처분을 내리는 재판
행정 재판	• 국가 또는 자치단체인 행정 기관의 잘못으로 국민이 권리 또는 이익을 침해당했을 때 행정 기관을 상대로 잘못된 행정 처분의 취소나 변경을 청구하는 재판
선거 재판	• 선거 무효와 당선 무효를 다루는 선거 소송 사건에 대한 재판
특허 재판	• 특허권이나 상표권 등 지적 재산권에 대한 다툼을 해결하기 위한 재판
군사 재판	• 군인이 범죄를 저지른 경우에 하는 재판

[출처] 법원 어린이 누리집(https://scourt.go.kr/kids/), 2023

심화자료

01 외국인 종합 안내센터(1345)

- 「재한 외국인 처우 기본법」에 따라 재한 외국인의 국내 생활 적응에 필요한 민원 상담과 행정정보안내를 제공하는 다국어 민원 안내 창구 역할을 함
- 20개 언어(한국어, 중국어, 영어, 베트남어, 태국어, 일본어, 몽골어, 인니어, 프랑스어, 방글라데시어, 파키스탄어, 러시아어, 네팔어, 캄보디아어, 미얀마어, 독일어, 스페인어, 필리핀어, 아랍어, 스리랑카어)로 전화 상담 서비스를 제공하고 있음
- 지원 내용
  - 국내 체류 외국인을 위한 출입국 민원 상담 및 생활편의를 안내함
  - 중앙 행정 기관, 지자체, 공공 기관 및 비영리 민간 기관의 외국인 관련 업무수행에 필요한 3자 통역 서비스를 지원함
  - 외국인을 위한 마을 변호사 제도 3자 통역 서비스를 지원함
- 이용 방법
  - 상담 시간: 평일 09:00~22:00
  - 대표 전화: (국번없이) 1345
  - 자동응답서비스(ARS) 안내사항

    1번: 출입국 · 외국인관서 위치, 사무소별 관할 구역 및 근무 시간 안내

    2번: 사증 발급 인정 신청 결과 조회

    3번: 외국인 퇴직 신고 및 방문 취업 동포 근무처 팩스 신고

    4번: 마을 변호사 관련 문의

    0번: 상담원 연결
- 다국어 상담
  - 1345 연결 후 ARS 안내에 따라 원하는 언어의 번호를 누른 뒤 별표(*) 버튼을 누르면 해당 언어로 상담 진행이 가능함

[출처] 법무부 출입국 · 외국인정책본부, 2023

02 한국의 법원

- 법원은 대법원과 각급 법원으로 구성되어 있음
- 대법원은 대법원장을 포함하여 14인의 대법관으로 구성되어 있음
- 각급 법원은 고등법원과 지방법원 및 지원 이외에도, 특정한 종류의 사건에 한해 재판권을 가지는 특허법원, 가정법원, 행정법원 등의 특수법원과 군사법원처럼 법관의 자격을 가지지 않은 자를 통해서 재판이 이루어지는 특별법원이 있음

[출처] 법무부, 한국인의 법과 생활, 2019

03 심급 제도

- 한국은 더욱 공정한 재판을 통해 억울한 사람이 생기지 않도록 하기 위하여 재판의 기회를 여러 번 주고 있음
- 제1심 법원(지방법원 또는 지원)의 판결에 불만이 있다면 제2심 법원(고등법원 또는 지방법원 본원합의부)에 항소를 할 수 있고 제2심 법원의 판결에 중요한 법률적 다툼이 있는 경우에는 제3심 법원(대법원)에 상고를 하여 판단을 받아 볼 수 있음
- 이렇게 법원 간의 재판 순서 또는 위아래 관계를 두어 상급 법원의 재판을 받을 수 있는 제도를 심급 제도라고 함

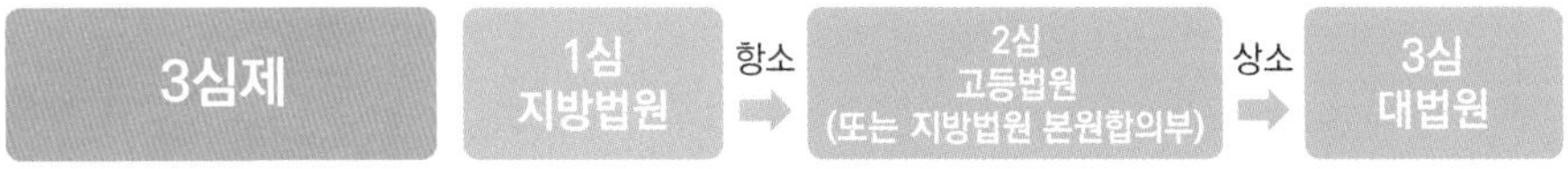

* 3심제란 한 사건에 대하여 세 번 재판을 받을 수 있는 제도입니다.
* 3심제도를 채택하고 있는 재판 민사재판, 형사재판, 행정재판, 가사재판, 군사재판

[출처] 법원 어린이 누리집, 2023

참고자료

법무부 출입국 · 외국인정책본부
www.immigration.go.kr
법원 어린이 누리집
www.scourt.go.kr/kids

4 한국 사회 구성원으로 살아요

[기초 2] 교재 38-45쪽

개관

이 차시의 목표는 한국 사회의 외국인을 위한 법과 제도 및 외국인의 의무에 대해 설명하는 것이다. 이를 위해 한국에서 생활하는 외국인을 위한 법, 외국 국적 동포를 위한 법, 사회통합을 위한 제도 및 세금 납부, 건강 보험 가입에 대한 내용을 학습한다.

단계		교수 · 학습활동	교수 자료	시간
도입	생각해 보기	○ **한국 사회 적응 프로그램 참여 경험 이야기하기** 다음은 한국에 대해 배우고 싶거나 한국 사회에 정착을 희망하는 외국인에게 도움을 주는 프로그램 모습입니다. 여러분은 한국 사회 적응을 위해 어떤 프로그램에 참여해 보았습니까? 앞으로 어떤 프로그램에 참여해 보고 싶습니까? 자신의 경험을 바탕으로 자유롭게 이야기해 봅시다.	(PPT #1-2)	4분
	학습목표	○ **학습목표 제시** 1. 외국인의 정착을 지원하는 법과 제도를 설명할 수 있다. 2. 외국인 지켜야 하는 의무를 제시할 수 있다.	(PPT #3)	1분
전개	주제1 (강의)	○ **한국에서 생활하는 외국인을 위한 법 설명하기** 한국에 살고 있는 외국인 현황은 어떨까요? 외국인을 위한 대표적인 법은 무엇일까요? '재한외국인처우기본법'에 따라 시행되고 있는 교육과 정책의 핵심 내용은 무엇일까요? ○ **외국 국적 동포를 위한 법 설명하기** 한국에 살고 있는 외국 국적 동포 현황은 어떨까요? 한국 정부는 재외 동포 비자 자격(F-4)을 부여할 수 있는 대상을 확대하였습니다. 2019년에 개정된 법의 주요 내용은 무엇인가요? ○ **사회통합을 위한 제도 설명하기** 외국인이 한국 사회에 적응하는 데 도움을 주기 위한 프로그램에는 무엇이 있을까요? '이민자 네트워크' 및 '사회통합 이민자 멘토단' 제도의 특징은 무엇인가요?	(PPT #4-5)	10분
	알아두면 좋아요 1	○ **외국인종합안내센터(1345) 알아보기** 외국인종합안내센터는 어떤 곳일까요? 외국인종합안내센터에서는 어떤 도움을 받을 수 있나요? 외국인종합안내센터 운영 시간 및 대표 전화, 다국어 상담을 받기 위해서는 어떻게 해야 하나요?	(PPT #6)	5분
	주제2 (강의)	○ **세금 납부에 대해 이해하기** 한국 사회 구성원으로 살아가는 외국인은 혜택뿐 아니라 세금 내기와 같이 반드시 지켜야 할 것도 있습니다. 세금이란 무엇일까요? ○ **건강 보험 가입에 대해 이해하기** 한국에 6개월 이상 거주하는 외국인은 건강 보험에 가입해야 합니다. 건강 보험료는 어떻게 결정될까요? 건강 보험에 가입하면 받을 수 있는 혜택은 무엇인가요?	(PPT #7-8)	10분
	알아두면 좋아요 2	○ **기초 질서와 범죄 예방에 대해 스스로 알아보기** 서울경찰청에서는 한국에서 생활하는 외국인이 흔히 겪을 수 있는 생활 속 기초 질서와 법, 범죄 예방과 대처 방법에 대한 영상을 만들었습니다. '유튜브-서울경찰청 채널'에 접속하여 시청해 볼까요?	(PPT #9)	5분
정리	내용 정리하기	○ **핵심 내용 정리**	(PPT #10-12)	7분
	함께 이야기 나누기	○ **생활법령정보 서비스를 이용하기** 여러분은 한국 생활을 하면서 잘 모르는 법 때문에 어려웠던 적이 있었었나요? 다음은 국내 체류 중인 외국인을 돕기 위한 '외국인 생활법령' 누리집입니다. 이 누리집에 접속하고 생활법령 찾기에 들어가서 관심 있는 내용을 검색하고 서로 이야기해 볼까요? ○ **다음 차시 예고**	(PPT #13)	8분

학습 내용 정리

01 외국인을 위한 법과 제도에는 무엇이 있을까?

1) 한국에서 생활하는 외국인을 위한 법
   ① 한국에서 생활하고 있는 외국인이 늘어나고 있어 이들의 안정적인 생활을 위해 법과 제도를 운영함
   ② 재한외국인처우기본법: 외국인에 대한 차별 방지 및 인권을 보장받을 수 있도록 함
   ③ 세계인의 날: 다양한 사람들이 서로 소통하고 교류함(5월 20일)
2) 외국 국적 동포를 위한 법
   ① 한국에 들어오는 동포가 증가하고 있음
   ② 한국 정부는 재외 동포 비자 자격(F-4)을 부여할 수 있는 대상을 확대함
   ③ 4세대 이후 동포도 재외 동포 범위에 포함됨
3) 사회통합을 위한 제도
   ① 조기 적응 프로그램, 사회통합프로그램
   ② 이민자 네트워크
   ③ 사회통합 이민자 멘토단

02 외국인이 지켜야 하는 것에는 무엇이 있을까?

1) 세금 내기
   ① 한국에서 일정한 소득을 얻는 외국인은 세금을 내야 함
   ② 외국인이 세금을 납부하는 데 어려움이 없도록 안내하고 있음
2) 건강 보험 가입하기
   ① 한국에 6개월 이상 거주하는 외국인은 건강 보험에 가입해야 함
   ② 건강 보험료는 소득이나 재산에 따라 달라짐
   ③ 금액을 정하기 어려울 때는 한국 국민이 평균적으로 납부하는 건강 보험료를 냄

4 한국 사회 구성원으로 살아요

내용 정리하기 답안

<table>
<tr><td rowspan="3">1</td><td>세금</td><td>한국에서 생활하고 있는 외국인이 차별받지 않고 인권을 보장받을 수 있도록 하는 법</td></tr>
<tr><td>세계인의 날</td><td>나라 살림에 필요한 돈을 마련하기 위해 정부가 거두어들이는 돈</td></tr>
<tr><td>재한외국인처우기본법</td><td>한국인, 외국인을 구분하지 않고 다양한 사람들이 소통하고 교류하도록 지원하는 기념일</td></tr>
<tr><td rowspan="2">2</td><td>한국에 거주하는 외국인이 점점 늘어나고 있다. (○)</td><td>재외 동포 비자는 F-4이다. (○)</td></tr>
<tr><td>외국인이 한국 사회에 적응하는 데 도움을 주기 위해 사회통합프로그램이 시행되고 있다. (○)</td><td>건강 보험료는 소득이나 재산에 상관없이 동일하다. (×)</td></tr>
<tr><td rowspan="2">3</td><td colspan="2">• 한국에서 일을 하면서 일정한 소득을 얻는 외국인은 법에 따라 (세금)을 내야 한다.</td></tr>
<tr><td colspan="2">• 한국에 6개월 이상 거주하는 외국인은 (건강 보험)에 가입해야 한다.</td></tr>
</table>

함께 이야기 나누기 예시 답안

• (예) 저는 지금 아파트에서 개를 키우고 있어서 '문화/여가 생활'-'반려동물과 생활하기'를 검색해 보았습니다. 이를 통해 개와 함께 외출을 할 때는 인식표, 목줄, 배변 봉투 등을 꼭 챙겨야 함을 알게 되었습니다.

한국 법(제도)에 대해 이야기 나누기

01 한국에서 생활하면서 법 또는 제도의 혜택을 받았던 경험에 대해 이야기를 나눠 봅시다.

언제였나요?	
어떤 상황이었나요?	
어떻게 혜택을 받았나요?	

02 한국 사회에 안정적으로 정착하기 위해 참여하였던 프로그램이나 교육 등에 대해 이야기를 나눠 봅시다.

어떤 것에 참여하였나요?	
어떤 도움을 받았나요?	

도움자료

⊙ 제16회 세계인의 날 미담 사례집

- 한국에 안정적으로 정착한 37명의 이주민들의 이야기가 담겨 있음
- 출처: 법무부 출입국 · 외국인정책본부 누리집(www.immigration.go.kr)
- 사례 예시: "제가 처음 참여한 수업은 결혼 이민자를 위한 'Happy Start' 프로그램이었습니다. 그날 수업 시간에 베트남어를 통역하는 분이 있었는데 그분을 보면서 저는 너무 대단하다고 생각했습니다. 나도 나중에 한국어를 열심히 공부해서 꼭 그분처럼 통역하는 일을 할 거라고 마음먹었습니다. 첫 수업을 통해 저는 비자를 연장하는 방법과 한국어 교육을 받을 수 있는 곳, 어려운 일이 있을 때 도움을 받을 수 있는 기관 등에 대해서 알게 되었습니다. (중략)"

심화자료

01 재한외국인처우기본법 주요 내용

제1장 총칙

• 제1조(목적) 이 법은 재한 외국인에 대한 처우 등에 관한 기본적인 사항을 정함으로써 재한 외국인이 대한민국 사회에 적응하여 개인의 능력을 충분히 발휘할 수 있도록 하고, 대한민국 국민과 재한 외국인이 서로를 이해하고 존중하는 사회 환경을 만들어 대한민국의 발전과 사회통합에 이바지함을 목적으로 한다.

제3장 재한 외국인 등의 처우

• 제10조(재한 외국인 등의 인권 옹호) 국가 및 지방자치단체는 재한 외국인 또는 그 자녀에 대한 불합리한 차별 방지 및 인권 옹호를 위한 교육 · 홍보, 그 밖에 필요한 조치를 하기 위하여 노력하여야 한다.

• 제11조(재한 외국인의 사회 적응 지원) 국가 및 지방자치단체는 재한외국인이 대한민국에서 생활하는 데 필요한 기본적 소양과 지식에 관한 교육 · 정보 제공 및 상담 등의 지원을 할 수 있다.

[출처] 국가법령정보센터, 2023

02 재외동포법 주요 내용

• 제1조(목적) 이 법은 재외 동포(在外 同胞)의 대한민국에의 출입국과 대한민국 안에서의 법적 지위를 보장함을 목적으로 한다.

• 2조(정의) 이 법에서 "재외 동포"란 다음 각호의 어느 하나에 해당하는 자를 말한다.

1. 대한민국의 국민으로서 외국의 영주권(永住權)을 취득한 자 또는 영주할 목적으로 외국에 거주하고 있는 자(이하 "재외국민"이라 한다)
2. 대한민국의 국적을 보유하였던 자(대한민국정부 수립 전에 국외로 이주한 동포를 포함한다) 또는 그 직계비속(直系卑屬)으로서 외국 국적을 취득한 자 중 대통령령으로 정하는 자(이하 "외국 국적 동포"라 한다)

• 제4조(정부의 책무) 정부는 재외 동포가 대한민국 안에서 부당한 규제와 대우를 받지 아니하도록 필요한 지원을 하여야 한다.

[출처] 국가법령정보센터, 2023

03 외국인 · 재외 국민 건강 보험 제도

- 6개월 이상 체류한 외국인 · 재외 국민은 2019년 7월 16일부터 건강 보험 지역가입자로 당연 가입되며, 대한민국 국민과 동일한 보험 급여 혜택을 받음
- 가입 대상
  - 6개월 이상 체류자 중 건강 보험 미가입자
  - 유학(D-2), 일반 연수 초중고생(D-4-3), 비전문 취업(E-9), 영주(F-5), 결혼 이민(F-6)은 입국일(다만, 입국일보다 외국인 등록 늦은 경우 등록일)
  - 체류 자격이 A(외교), B(관광), C(단기), G1(기타)을 제외한 외국인. 단, G1(기타) 중 G-1-6(인도적 체류 허가자) 및 G-1-12(인도적 체류 허가자의 가족)은 가입 대상
  - 재 외동포(F-4), 재외 국민 유학생은 재학증명서 제출 시 입학일
- 보험료 산정
  - 보험료는 소득 · 재산에 따라 개인(가족)단위로 산정
  - 산정된 보험료가 전년도 11월 전체 가입자 평균 보험료 미만인 경우는 평균 보험료 적용
  - 난민 인정자(F-2-4) 및 그 가족(F-1-16), 19세 미만 단독 세대는 평균 보험료 미만 시에도 평균 보험료를 적용하지 않고 내국인과 동일하게 보험료 산정

[출처] 국민건강보험, 2023

참고자료

국가법령정보센터 www.law.go.kr
국민건강보험 www.nhis.or.kr

대단원 정리『법과 우리 생활』

[기초 2] 교재 46-51쪽

개관

이 차시의 목표는『법과 우리 생활』영역에서 배운 '법이 필요한 이유', '일상생활 속의 법', '법으로 문제를 해결해요', '한국 사회 구성원으로 살아요'에 대한 내용을 학습자들이 스스로 정리해 보며, 일상생활에서 유용하게 활용할 수 있도록 지원하고 조력한다.

단계	교수 · 학습활동		교수 자료	시간
도입	학습 내용 환기하기	○ **학습 내용 환기하기** 『법과 우리 생활』영역에서 배운 '법이 필요한 이유', '일상생활 속의 법', '법으로 문제를 해결해요', '한국 사회 구성원으로 살아요'에 대한 내용을 배웠습니다. 새롭게 알게 되었거나 기억나는 내용은 무엇인가요?	(PPT #1)	5분
	대단원 내용 정리	○ **대단원 내용 정리하기** 〈보기〉에서 알맞은 것을 빈칸에 써 보세요. '법이 필요한 이유' 빈칸에 들어갈 내용은 무엇인가요? '일상생활 속의 법' 빈칸에 들어갈 내용은 무엇인가요? '법으로 문제를 해결해요' 빈칸에 들어갈 내용은 무엇인가요? '한국 사회 구성원으로 살아요' 빈칸에 들어갈 내용은 무엇인가요?	(PPT #2-3)	10분
전개	스스로 해결하기	○ **과제 확인하기** 스스로 해결하기의 제목은 무엇인가요? 골든벨을 울린 사람을 알기 위해서는 어떤 문제를 해결해야 하나요? 1번부터 4번까지의 설명에 대해 맞으면 O표, 틀리면 X표를 바르게 한 사람을 찾아보세요. ○ **과제 해결하기** '음주 운전을 한 경우에는 사고가 발생하지 않아도 처벌을 받습니다'는 맞나요? '한국에서는 18세가 되면 부모의 동의 없이 결혼을 할 수 있습니다'는 맞나요? 틀린 이유는 무엇인가요? '외국인을 위한 변호사 제도'를 이용할 때에는 반드시 돈을 지불해야 합니다'는 맞나요? 틀린 이유는 무엇인가요? '한국에 6개월 이상 거주하는 외국인은 건강 보험에 가입해야 합니다'는 맞나요?	(PPT #4)	10분
	스스로 탐구하기	○ **스스로 탐구하기** 스스로 탐구하기의 제목은 무엇인가요? '사회통합 이민자 멘토단'은 어떤 목적으로 만들어지게 되었나요? '사회통합 이민자 멘토단'이 한 일은 무엇이 있나요? 만약 자신이 '사회통합 이민자 멘토단'의 구성원이라면 한국 정부에 어떤 것을 제안하고 싶은지 서로 이야기를 나눠 보세요.	(PPT #5)	10분
	스스로 평가하기	○ **스스로 평가하기** 49쪽에 제시된 문제를 잘 읽고 정답을 맞혀 봅시다. 첫 번째, 〈보기〉에서 법의 특징에 대한 옳은 설명을 모두 고른 것은 몇 번입니까? 두 번째, 외국인을 위한 마을 변호사 제도에 대한 설명으로 옳지 않은 것은 몇 번입니까? 세 번째, 다음 글에서 설명하는 제도의 명칭으로 옳은 것은 몇 번입니까? 네 번째, 다음 글에서 설명하는 기념일의 명칭으로 옳은 것은 몇 번 입니까?	(PPT #6-9)	10분
정리	화보	○ **화보 살펴보기** 여러분은 일상생활에서 법을 잘 지키고 있나요? 그리고 법을 통해 보호를 받고 있나요? 법은 언제나 우리의 일상생활 가까이에 있습니다. 50~51쪽에는 사회 구성원 모두의 안전과 행복을 지키기 위한 법에 대해 설명하고 있습니다. 혹시 여러분이 잘 알고 있는 법은 무엇인가요? 새롭게 알게 된 법은 무엇인가요? 그리고 자신의 고향 나라에서 지켜야 하는 법에는 무엇이 있는지 말해 볼까요?	(PPT #10-11)	5분

대단원 내용 정리 답안

1. 법이 필요한 이유	• 강제성	• 건강, 안전
2. 일상생활 속의 법	• 18, 부모	• 근로 계약서
3. 법으로 문제를 해결해요	• 마을 변호사	• 법원
4. 한국 사회 구성원으로 살아요	• 차별	• 세금

스스로 해결하기 답안

골든벨을 울려라!
1. 음주 운전을 한 경우에는 사고가 발생하지 않아도 처벌을 받습니다. (O) 2. 한국에서는 18세가 되면 부모의 동의 없이 결혼을 할 수 있습니다. (X) 3. '외국인을 위한 마을 변호사 제도'를 이용할 때에는 반드시 돈을 지불해야 합니다. (X) 4. 한국에 6개월 이상 거주하는 외국인은 건강 보험에 가입해야 합니다. (O) ⇒ **정해란**

스스로 탐구하기 예시 답안

사회통합 이민자 멘토단이 함께 해요!
(예) 외국인의 체류 자격 및 언어 수준에 따른 맞춤형 세무 교실 운영이 더욱 활성화되면 좋겠습니다.

스스로 평가하기 답안

1. ② 2. ④ 3. ③ 4. ②	
1. (정답 해설)	ㄴ: 법은 시대에 따라 바뀌기도 하고 새로 만들기도 한다. ㄷ: 법은 사람들이 함께 살아가는 데 필요한 것, 해야 할 것, 하지 말아야 할 것 등을 규정하고 있다.
2. (정답 해설)	④ 외국인을 위한 마을 변호사 제도는 한국어로 의사소통이 어려운 외국인도 이용 가능하다.
3. (정답 해설)	③ 한국에서는 원칙적으로 하나의 사건에 세 번까지 재판을 받을 수 있는데 이를 삼심 제도라고 한다.
4. (정답 해설)	① 성년의 날: 매년 5월 셋째 월요일. 19세가 된 젊은이에게 성인이 되었음을 축하하고 자부심을 높이기 위한 한국의 법정 기념일 ③ 세계 난민의 날: 6월 20일. 난민 보호를 위해 국제연합(UN)이 제정한 세계 기념일 ④ 세계 여성의 날: 3월 8일. 여성의 지위 향상을 위해 국제연합(UN)이 제정한 세계 기념일

5 민주주의가 걸어온 길

[기초 2] 교재 54-61쪽

개관

이 차시의 목표는 민주주의 의미와 이념, 한국 민주주의의 특징을 설명하는 것이다. 이를 위해 민주주의의 의미, 인간의 존엄성, 자유와 평등, 민주적인 선거, 표현의 자유에 대한 내용을 학습한다.

단계		교수 · 학습활동	교수 자료	시간
도입	생각해 보기	○ **민주주의 의미에 대해 이야기하기** 다음은 민주주의 관련 사진입니다. 자신의 생각하는 민주주의에 대해 자유롭게 이야기해 봅시다.	(PPT #1-2)	4분
	학습목표	○ **학습목표 제시** 1. 민주주의의 의미와 이념에 대해 설명할 수 있다. 2. 한국 민주주의의 특징을 설명할 수 있다.	(PPT #3)	1분
전개	주제1 (강의)	○ **민주주의의 의미에 대해 설명하기** 여러분 나라의 주인은 누구입니까? 국민이 나라의 주인으로서 나라를 직접 다스리는 방식을 민주주의라고 합니다. 민주주의는 정치뿐만 아니라 일상생활에서도 민주주의를 실현하기 위한 노력이 필요합니다. ○ **인간의 존엄성, 자유와 평등에 대해 설명하기** 민주주의의 목표는 무엇일까요? 바로 인간의 존엄성을 실현하는 것입니다. 인간의 존엄성이란 사람은 누구나 인간이라는 이유만으로도 소중한 존재로서 존중받아야 한다는 것을 의미합니다.	(PPT #4-5)	10분
	알아두면 좋아요 1	○ **다양한 생각을 존중하는 민주적인 결정에 대해 알아보기** 민주적인 결정을 위해 대화와 토론이 필요하고 의견이 모이지 않을 때는 다수결 방식으로 결정합니다. ○ **일상생활 속에서 인권이 존중되는 모습들에 대해 알아보기** 다양한 사람들을 배려하기 위해 전철에는 길이가 다른 손잡이, 노약자나 임산부 좌석 등이 마련되어 있습니다. 주차장에는 장애인 전용 주차장을 두고 주차 위반 시 과태료도 부과하고 있습니다.	(PPT #6)	5분
	주제2 (강의)	○ **민주적인 선거에 대해 설명하기** 선거는 무엇인가요? 선거는 민주주의 국가에서 나랏일을 맡아 일할 사람을 뽑는 것입니다. 한국에서 최초의 선거는 언제였을까요? 1948년에 처음으로 민주적인 선거가 실시되었습니다. 2023년 기준 18세부터 선거에 참여할 수 있습니다. ○ **표현의 자유에 대해 설명하기** 한국에서는 누구나 자신의 의견을 자유롭게 표현할 수 있지만 잘못되거나 거짓된 정보를 전달하는 것은 법으로 제한되기도 합니다.	(PPT #7-8)	10분
	알아두면 좋아요 2	○ **가장 긴 비례 대표 투표용지에 대해 알아보기** 총선거에서는 두 장의 투표용지가 사용됩니다. 지역구 국회의원, 비례 대표 국회의원을 뽑습니다. 2024년 총선거에서는 비례 대표 선출을 위한 정당 수가 많아서 가장 긴 비례 대표 투표용지가 되었습니다. ○ **헌법에 보장하고 있는 집회와 시위에 대해 알아보기** 헌법에서는 집회와 시위의 자유를 보장하고 있습니다. 따라서 자신들의 이익을, 또는 공공의 이익을 위해서 집회와 시위를 하는 모습을 볼 수 있습니다.	(PPT #9)	5분
정리	내용 정리하기	○ **핵심 내용 정리**	(PPT #10-12)	7분
	함께 이야기 나누기	○ **'5월 10일 유권자의 날'에 대해 생각 알아보기** 5월 10일은 '유권자의 날'입니다. 한국 최초의 민주적 선거가 실시된 1948년 5월 10일 국회의원 총선거를 기념하기 위해 지정된 날입니다. ○ **다음 차시 예고**	(PPT #13)	8분

학습 내용 정리

01 민주주의는 무엇일까?

1) 민주주의의 의미

① 의미: 국민이 나라의 주인으로서 나라를 직접 다스리는 방식

② 범위: 정치 영역뿐만 아니라 일상생활에서도 민주주의 실현을 위한 노력 필요

2) 인간의 존엄성, 자유와 평등

① 민주주의의 목표: 인간의 존엄성 실현

② 인간의 존엄성이란? 사람은 누구나 인간이라는 이유만으로 소중한 존재

③ 평등: 모든 사람이 인종, 재산, 성별, 종교 등으로 인해 차별받지 않는 것

02 한국 민주주의 특징은 무엇일까?

1) 민주적인 선거

① 선거: 나랏일을 맡아 일할 사람을 뽑는 것

② 한국 최초의 선거: 1948년 5월 10일 국회의원 총선거

③ 선거 연령: 2020년부터 18세부터 선거에 참여

2) 표현의 자유

① 의미: 민주주의 사회에서는 자신의 의견을 자유롭게 표현할 수 있음

② 다만, 사회를 혼란에 빠뜨릴 수 있는 잘못된 정보 등을 전달하는 것은 법에 따라 제한됨

5 민주주의가 걸어온 길

내용 정리하기 답안

1	자유 •	• 국민이 나라의 주인으로서 나라를 다스리는 것
	민주주의 •	• 인간은 단지 인간이라는 이유만으로도 존중받아야 한다는 것
	인간의 존엄성 •	• 국가나 다른 사람의 간섭 없이 자신의 일을 할 수 있는 것
	(연결: 자유 – 국가나 다른 사람의 간섭 없이 자신의 일을 할 수 있는 것 / 민주주의 – 국민이 나라의 주인으로서 나라를 다스리는 것 / 인간의 존엄성 – 인간은 단지 인간이라는 이유만으로도 존중받아야 한다는 것)	
2	한국은 민주주의 국가이다. (○)	평등이란 모든 사람이 인종, 재산, 종교 등으로 차별받지 않고 동등하게 대우 받는 것을 말한다. (○)
	한국은 2020년부터 18세도 선거권을 가지게 되었다. (○)	한국에서는 표현의 자유가 보장되기 어렵다. (×)
3	• 민주주의는 인간의 (존엄성) 실현을 목표로 하고 있다.	
	• 한국에서는 사람들끼리 모여 자신들의 주장을 펼치고 방송이나 신문 등을 통해 자신의 의견을 제시하는 활동 등과 같은 (표현)의 자유를 보장하고 있다.	

함께 이야기 나누기 예시 답안

• (예) 1순위 : 국민의 정치 참여가 활발해야지 민주주의가 더 발전할 것 같습니다.
2순위 : 국가 기관의 권력 분립이 잘되어 견제를 해야 합니다.
3순위 : 국민의 표현의 자유를 국가가 보장해야 민주주의가 발전합니다.

‘민주주의’에 대한 마인드맵(Mind map)

01 **‘민주주의’를 생각하면 떠오르는 내용을 마인드맵으로 작성해 봅시다.**

〈예시〉

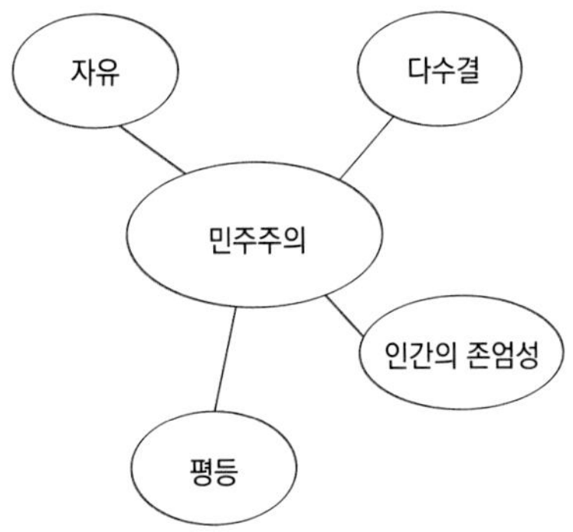

도움자료

◉ 민주주의 의미

- 민주주의는 인간이라면 누구나 존엄하며 모두 자유롭고 평등해야 한다는 생각을 기초로 하고 있다. 즉 민주주의 국가에서 실현하고자 하는 가치는 인간의 존엄성, 자유, 평등이라고 볼 수 있다. 민주주의의 가치 중에서도 가장 중요한 건 ‘인간 존엄성’이다. 인간 존엄성은 모든 사람은 태어날 때부터 더할 나위 없이 소중하고 존엄하다는 생각이다. 민주주의에서 자유와 평등을 보장하는 것도 인간 존엄성을 지키기 위해서이다.

출처: 재미있는 선거와 정치 이야기

심화자료

01 민주주의의 어원 및 기원

제1장 총칙

- 귀족제나 군주제 또는 독재 체제에 대응하는 뜻
- 그리스어의 'demokratia'에 근원을 두고, 'demo(국민)'와 'kratos(지배)'의 두 낱말이 합쳐진 것으로 '국민의 지배'를 의미함.
- 최초의 민주주의는 고대 그리스의 도시 국가인 아테네에서 비롯됨
- 정치 참여권을 지닌 아테네 시민은 토론을 하고, 직접 정책의 결정을 함께 함. 여성이나 노예, 이주민 등은 투표할 수 없는 불완전한 민주주의였지만, 오늘날 민주주의의 기반을 제공했다는 점에서는 의미가 있음

[출처] 두산백과

02 국민 주권의 원리

- 민주 정치의 기본 원리에는 국민 주권의 원리, 입헌주의의 원리, 국민 자치의 원리, 권력 분립의 원리의 4가지가 있음
- 국민 주권의 원리는 국가의 의사를 결정하는 주권이 국민에게 있으며 정치 권력은 국민의 동의와 지지를 바탕으로 행사되어야 정당성이 있음을 의미하는 것으로, 국민 주권주의라고도 함
- 헌법 제1조 제2항에서 '대한민국의 주권은 국민에게 있고, 모든 권력은 국민으로부터 나온다'라고 규정함으로써 국민 주권을 명시하고 있음

[출처] 두산백과

03 표현의 자유 보장 관련 헌법

- 헌법 제21조 제1항
  모든 국민은 언론 · 출판의 자유와 집회 · 결사의 자유를 가진다.
- 헌법 제21조 제2항
  언론 · 출판에 대한 허가나 검열과 집회 · 결사에 대한 허가는 인정되지 아니한다.
- 헌법 제21조 제3항
  통신 · 방송의 시설 기준과 신문의 기능을 보장하기 위해 필요한 사항은 법률로 정한다.
- 헌법 제21조 제4항
  언론 · 출판은 타인의 명예나 권리 또는 공중도덕이나 사회윤리를 침해해서는 아니 된다. 언론 · 출판이 타인의 명예나 권리를 침해한 때에는 피해자는 이에 대한 피해의 배상을 청구할 수 있다.

[출처] 찾기 쉬운 생활법령정보

04 집회 및 시위에 관한 법률

- 적법한 집회 및 시위를 최대한 보장하고 위법한 시위로부터 국민을 보호함으로써 집회 및 시위의 권리 보장과 공공의 안녕질서가 적절히 조화를 이루도록 하는 것을 목적으로 하는 법률임
- 집회 또는 시위의 주최자와 질서 유지인은 집회 또는 시위에 있어서의 질서를 유지하여야 하며, 신고한 목적, 일시, 장소, 방법 등의 범위를 뚜렷이 벗어나는 행위를 하여서는 아니됨

[출처] 찾기 쉬운 생활법령정보

참고자료

찾기 쉬운 생활법령정보
https://easylaw.go.kr/CSP/Main.laf

6 국민의 손으로 뽑는다

[기초 2] 교재 62-69쪽

개관 이 차시의 목표는 공정한 선거를 위해서는 무엇이 필요한지에 대해 설명하는 것이다. 이를 위해 선거의 필요성, 선거의 종류, 선거의 원칙, 선거관리위원회에 대한 내용을 학습한다.

단계		교수 · 학습활동	교수 자료	시간
도입	생각해 보기	○ **선거의 모습에 대해 이야기하기** 다음은 선거에 나온 후보자의 사진입니다. 선거에 나온 후보자는 왜 어떤 일을 해내겠다는 약속과 공약을 말할까요? 이에 대해 자유롭게 이야기해 봅시다.	(PPT #1-2)	4분
	학습목표	○ **학습목표 제시** 1. 선거의 필요성과 종류에 대해 설명할 수 있다. 2. 공정한 선거를 위해서는 무엇이 필요한지 설명할 수 있다.	(PPT #3)	1분
전개	주제1 (강의)	○ **선거의 필요성에 대해 설명하기** 한국의 학교에서는 새로운 학년이나 학기가 시작되면 대표를 뽑는 반장 선거를 합니다. 나랏일을 맡아서 할 사람을 뽑는 것도 이와 비슷하죠. 한국에서는 선거를 통해 국민을 대표하여 나라의 중요한 일을 맡은 사람을 뽑습니다. 예를 들면 대통령 선거, 국회의원 선거 등입니다. ○ **선거의 종류에 대해 설명하기** 한국에서 실시되는 중요한 선거는 무엇일까요? 한국을 대표하는 대통령을 뽑는 대통령 선거, 법을 만드는 국회의원 총선거, 지방 선거가 있습니다.	(PPT #4-5)	10분
	알아두면 좋아요 1	○ **선거에 참여할 수 있는 나이에 대해 알아보기** 2020년 국회의원 총선거에서는 유권자의 나이가 기존보다 낮아진 18세부터 투표권을 행사했습니다. ○ **외국인 주민의 선거권에 대해 알아보기** 한국에서 실시되는 선거에는 누가 참여할 수 있을까요? 기본적으로 한국 국민만 투표할 수 있습니다. 다만 지방자치단체의 대표자를 선출하는 지방 선거에서는 일정한 요건을 갖춘 외국인도 선거권을 가집니다.	(PPT #6)	5분
	주제2 (강의)	○ **선거의 원칙에 대해 설명하기** 민주적인 선거는 공정하게 이루어져야 합니다. 이를 위해 한국의 선거는 보통 선거, 평등 선거, 직접 선거, 비밀 선거 원칙을 정해 두고 있습니다. ○ **공정한 선거를 위한 관리 기관에 대해 설명하기** 선거가 공정하게 이루어지려면 무엇이 필요할까요? 바로 심판 역할을 하는 기관이 필요합니다. 한국에서는 선거관리위원회가 그 일을 담당하고 있습니다.	(PPT #7-8)	10분
	알아두면 좋아요 2	○ **선거에 투표할 때 주의해야 할 점에 대해 알아보기** 선거에 투표할 때는 주의해야 할 점이 있습니다. 기표소 내부에 비치된 투표 도장 외에 다른 도구로는 기표할 수 없습니다. 투표 도장은 칸 안에 찍어야 하며 경계선이나 칸 밖에 찍으면 무효가 됩니다. 비밀 선거 원칙에 따라 어느 후보에게 투표했다고 다른 사람에게 말할 필요는 없습니다.	(PPT #9)	5분
정리	내용 정리하기	○ **핵심 내용 정리**	(PPT #10-12)	7분
	함께 이야기 나누기	○ **우리 지역의 대표에 대해 알아보기** 여러분이 살고 있는 지역의 대표가 누구인지 알고 계시나요? 누구인지 모른다면 인터넷 등을 통해 검색하여 지역의 대표에 대해 알아봅시다. ○ **다음 차시 예고**	(PPT #13)	8분

학습 내용 정리

01 선거는 왜 할까?

1) 선거의 필요성

① 선거: 선거권을 가진 사람이 공직에 임할 사람을 투표로 뽑는 일
국민이 정치에 참여할 수 있는 가장 기본적인 방법

② 필요성: 주인으로서 권리 행사

2) 선거의 종류

① 대통령 선거(대선): 한국을 대표하는 대통령을 뽑는 선거로 5년마다 치러짐

② 국회의원 총선거(총선): 법을 만드는 국회의원(300명)을 뽑는 선거로 4년마다 치러짐

③ 지방 선거: 도지사나 시장 등 지역 대표를 뽑는 선거로 4년마다 치러짐

02 공정한 선거를 위한 방법은 무엇일까?

1) 선거의 원칙

① 보통 선거: 18세 이상 한국 국민 누구나 참여할 수 있음

② 평등 선거: 성별, 학력, 재산 등 조건에 관계없이 1인 1표씩 투표함

③ 직접 선거: 직접 투표하여 자신의 대표를 뽑음

④ 비밀 선거: 어떤 후보에 투표했는지 말할 필요가 없음

2) 공정한 선거를 위한 관리 기관

선거관리위원회 역할: 선거에 나선 후보자들이 법을 어기지 않는지, 법은 지키면서 선거 운동을 하는지 관리, 공명선거 홍보 등

6 국민의 손으로 뽑는다

내용 정리하기 답안

1	평등 선거	국회의원을 뽑는 선거
	총선거	누구나 공평하게 1인 1표씩 투표함
	비밀 선거비밀 선거	선거가 공정하게 이루어지도록 하기 위해 심판 역할을 하는 기관
	선거관리위원회	누구에게 투표했는지 다른 사람이 알 수 없음
2	한국에서는 18세 이상 국민이면 누구나 선거에 참여할 수 있다. (○)	한국에서 대통령은 지역을 대표하는 사람이다. (×)
	한국의 법을 만드는 국회의원을 뽑는 선거를 대통령 선거라고 한다. (×)	선거관리위원회는 후보자가 법을 지키면서 선거 운동을 할 수 있도록 관리한다. (○)
3	• 국민이 정치에 참여할 수 있는 가장 기본적인 방법은 (선거)이다.	
	• 도지사나 시장 등 지역을 대표하여 일할 사람을 뽑는 선거를 (지방)선거라고 한다.	

함께 이야기 나누기 예시 답안

• (예) 지역 : 경기도 김포시 대표 : 경기도지사-○○○, 김포시장-○○○ • (예) 지역 : 경상북도 경산시 대표 : 경상북도지사-○○○, 경산시장-○○○
• (예) 김포시장 공약 : 일산대교 무료 통행 등 • (예) 경산시장 공약 : 경산 임대 공공 주택 지구 조성 등

고향 나라의 선거에 대해 소개하기

01 자신의 고향 나라의 선거와 한국의 선거에 대해 비교해 봅시다.

고향의 선거	
한국의 선거	

02 자신이 살고 있는 지역의 대표에게 지역 사회 발전을 위한 편지를 써 봅시다.

도움자료

⊙ 투표를 하지 않으면 벌금을 내는 나라가 있다?

● 의무투표제를 실시하는 나라

벨기에: 처음으로 의무투표제를 실시한 나라
브라질: 투표를 안 하면 여권 발급이 안 됨
호주, 싱가포르: 투표를 안 하면 벌금을 냄

[출처] 중앙선거관리위원회 공식 블로그(https://blog.naver.com/nec1963/221827433147)

심화자료

01 선거권과 피선거권

- "선거권"이란 국민의 기본권인 참정권의 대표적인 것으로 선거인단의 구성원으로서의 국민이 각종의 공무원을 선출하는 권리를 말함
- 18세 이상 국민은 대통령 및 국회의원에 대한 선거권, 지방 선거권이 있음
- 선거권이 있는 사람을 「공직선거법」에서는 선거권자로 쓰고 있으나 일반적으로는 유권자라는 용어가 많이 쓰이고 있음
- "피선거권"이란 선거에서 당선인이 될 수 있는 자격을 말함
- 선거일 현재 5년 이상 국내에 거주하고 있는 40세 이상의 국민은 대통령의 피선거권이 있음. 18세 이상의 국민은 국회의원, 지방의회의원 및 지방자치단체장의 피선거권이 있음

[출처] 찾기 쉬운 생활법령 정보

02 선거의 종류

선거의 종류	임기	선거일
대통령 선거	5년(중임 불가)	임기만료일 전 70일 이후 첫 번째 수요일
국회의원 선거	4년(재임 가능)	임기만료일 전 50일 이후 첫 번째 수요일
지방자치단체장 및 교육감 선거	4년(3번 재임 가능)	임기만료일 전 30일 이후 첫 번째 수요일

[출처] 찾기 쉬운 생활법령 정보

03 선거의 4대 원칙

• 보통 선거는 제한 선거에 대비되는 개념으로써 모든 국민은 신분, 인종, 종교, 성별 등에 의해서 선거권과 피선거권의 제한을 받아서는 안 된다는 것을 뜻함

• 평등 선거는 차등 선거에 대비되는 개념으로써 모든 선거 절차에서 선거참여자가 균등한 기회를 보장받아야 함. 즉, 표의 가치가 평등함

• 직접 선거의 원칙은 간접 선거에 반대되는 개념으로서 선거인 스스로가 대표자를 선출하는 것을 말함

• 비밀 선거는 공개 선거의 반대말로 투표에 의해서 나타나는 선거인의 의사결정이 타인에게 알려지지 않도록 하는 선거를 말함

[출처] 통합논술 개념어 사전

04 선거관리위원회

• 헌법상의 독립 기관

선거관리위원회는 선거와 국민투표의 공정한 관리, 정당 및 정치 자금에 관한 사무를 처리하기 위하여 설치된 국가 기관으로 국회 · 정부 · 법원 · 헌법재판소와 같은 지위를 갖는 독립된 합의제 헌법기관

• 중립성 · 공정성 보장

선거관리위원회 위원은 특정 정당에 가입하거나 정치 활동 또는 정치에의 관여를 금지하여 중립성을 유지하고, 헌법과 법률로 임기와 신분을 보장함

[출처] 중앙선거관리위원회(www.nec.go.kr)

참고자료

중앙선거관리위원회 공식 블로그
https://blog.naver.com/nec1963/221827433147

7 한국의 국가 권력

[기초 2] 교재 70-77쪽

개관

이 차시의 목표는 한국의 대통령과 행정부가 하는 일, 한국의 국회와 법원이 하는 일을 설명하는 것이다. 이를 위해 대통령의 하루, 나라의 살림을 맡는 정부, 법을 만드는 국회, 재판을 하는 법원에 대한 내용을 학습한다.

단계		교수 · 학습활동	교수 자료	시간
도입	생각해 보기	○ **국가 기관에 대해 이야기하기** 다음은 한국의 국가 기관을 방문한 학생들의 사진입니다. 여러분이 직접 가 보았거나 TV로 본 적이 있는 기관은 어디입니까?	(PPT #1-2)	4분
	학습목표	○ **학습목표 제시** 1. 한국의 대통령과 행정부가 하는 일을 설명할 수 있다. 2. 한국의 국회와 법원이 하는 일을 설명할 수 있다.	(PPT #3)	1분
전개	주제1 (강의)	○ **대통령이 하는 일에 대해 설명하기** 여러분의 나라를 대표하여 나랏일을 책임지는 사람은 누구인가요? 한국에서는 대통령이 나라 살림을 이끌어 가는 최고 책임자입니다. 대통령은 공무원을 임명하거나, 국무회의를 열어 중요한 결정을 합니다. ○ **정부의 구성과 하는 일에 대해 설명하기** 나랏일을 하는 곳을 무엇이라고 할까요? 행정부 또는 정부라고 합니다. 행정부에서 일하는 사람은 대통령, 국무총리, 장관, 공무원이 있습니다. 행정부에는 법무부, 교육부, 국방부, 통일부 등이 속해 있습니다.	(PPT #4-5)	10분
	알아두면 좋아요 1	○ **모두를 위한 청와대로의 개방** 청와대는 누가 일했던 곳일까요? 대통령이 일했던 곳으로 대통령의 집무실, 회의를 하는 곳, 외국 손님을 맞이하는 곳 등이 있습니다. 2022년 5월부터 청와대를 개방하여 누구나 관람할 수 있습니다.	(PPT #6)	5분
	주제2 (강의)	○ **법을 만드는 국회에 대해 설명하기** 한국의 법은 누가, 어디서 만들까요? 국회의원이 국회에 모여 법을 만들거나 고칩니다. 또한 행정부가 나랏일을 잘하고 있는지 매년 확인합니다. ○ **재판을 하는 법원에 대해 설명하기** 법을 어기거나 다툼이 생기면 어떻게 해야 할까요? 바로 재판을 통해 해결할 수 있습니다. 재판은 법원에서 하고 법원의 종류는 대법원, 고등법원, 지방법원 등이 있습니다.	(PPT #7-8)	10분
	알아두면 좋아요 2	○ **국회의사당의 기둥에는 어떤 뜻이 담겨 있을까?** **국회의사당 외부는 24개의 기둥이 떠받치고 있습니다. 또한 전면에는 기둥 8개가 있습니다. 여기에 담겨있는 의미에 대해 알아봅시다.** ○ **국가 권력을 나누어 놓은 이유에 대해 알아보기** 국가의 권력을 한 사람이나 하나의 기관이 가지고 있으면 어떤 일이 일어날까요? 아마 마음대로 나랏일을 하게 될 수 있습니다. 그것은 민주주의에 맞지 않습니다. 따라서 민주주의 국가에서는 권력을 나누어 놓고 있습니다. 한국에서도 국가 권력을 입법부, 행정부, 사법부로 나누어 놓고 있습니다.	(PPT #9)	5분
정리	내용 정리하기	○ **내용 정리하기**	(PPT #10-12)	7분
	함께 이야기 나누기	○ **지도자를 뽑을 때 기준에 대해 이야기해 보기** 여러분이 살고 있는 지역의 대표가 누구인지 알고 계시나요? 누구인지 모른다면 인터넷 등을 통해 검색하여 지역의 대표에 대해 알아봅시다. ○ **다음 차시 예고**	(PPT #13)	8분

학습 내용 정리

01 대통령은 어떤 일을 할까?

1) 대통령의 하루
   ① 행정부 최고 책임자이자 국민의 대표
   ② 공무원 임명
   ③ 국무회의 개최, 조약 체결
2) 나라의 살림을 맡는 정부
   ① 행정부(정부): 나라에 필요한 정책을 만들고 집행하는 기관
   ② 구성원: 대통령, 국무총리, 장관, 공무원
   ③ 조직: 법무부, 교육부, 국방부, 통일부, 검찰청, 경찰청, 소방청 등

02 국회와 법원은 어떤 일을 하는 곳일까?

1) 법을 만드는 국회
   ① 국회(입법부): 국회의원이 모여 법을 만드는 곳
   ② 구성원: 총선거를 통해 선출된 국회의원
   ③ 역할: 법 제정, 법 개정, 예산 심의
2) 재판을 하는 법원
   ① 재판: 법원이 법을 해석하고 적용하면서 옳고 그름을 판단하는 곳
   ② 종류: 대법원, 고등법원, 지방법원, 가정법원

7 한국의 국가 권력

내용 정리하기 답안

<table>
<tr><td rowspan="3">1</td><td colspan="2">정부 • ─ • 나라에 필요한 정책을 만들고 나랏일을 직접 담당하는 곳
국회 • ─ • 나라에 필요한 법을 만들거나 고치는 곳
법원 • ─ • 법에 따라 재판을 하는 곳</td></tr>
<tr></tr>
<tr></tr>
<tr><td rowspan="2">2</td><td>한국에서는 대통령이 나라를 대표한다. (○)</td><td>법무부는 법원의 한 기관이다. (×)</td></tr>
<tr><td>법원에서는 법을 만든다. (×)</td><td>국회의원과 대통령은 선거를 통해 뽑는다. (○)</td></tr>
<tr><td rowspan="3">3</td><td colspan="2">• 한국의 법을 만드는 곳은 (국회)이다.</td></tr>
<tr><td colspan="2">• 대통령은 한국을 대표하는 사람이고 나라 살림을 맡는 (행정부)의 최고 책임자이다.</td></tr>
<tr><td colspan="2">• (재판)은 사법부인 법원이 법을 해석하고 적용하여 옳고 그름을 판단하는 것을 가리킨다.</td></tr>
</table>

함께 이야기 나누기 예시 답안

• (예) 경력 : 경력이 있어야 일을 잘할 수 있다고 생각하기 때문입니다.
• (예) 제 고향인 미얀마의 훌륭한 정치인은 아웅 산 수 치입니다. 노벨 평화상도 수상하고 독재 정부에 맞서 민주화 운동을 진행했던 인물입니다.

한국의 행정부에 대해 이야기 나누기

01 1. 자신의 일상생활과 관련된 행정부의 부서는 어디인지 찾아봅시다.

법무부	
교육부	

02 자신의 고향 나라를 대표하는 사람을 소개해 봅시다.

도움자료

◉ 일상생활과 관련된 행정부

[출처] 정부24(www.gov.kr)

심화자료

01 대통령제

- 국민에 의하여 선출된 대통령이 정치적 실권을 쥐고 행정부를 구성하는 정부 형태임
- 대통령은 국가의 원수이며 동시에 행정부의 수반
- 대통령제는 임기 동안 효율적이고 안정적인 정국 운영이 가능하고 정책의 계속성이 보장됨. 따라서 책임 정치가 곤란하고 독재 정치의 가능성이 크다는 단점이 있음
- 한국은 정부의 법률안 제안권, 국무총리 제도 등이 있어서 순수한 대통령제와는 달리 의원 내각제가 가미된 대통령제라고 할 수 있음

[출처] Basic 고교생을 위한 사회 용어 사전(신원문화사)

02 정부 조직도(처 · 부 · 청, 2024)

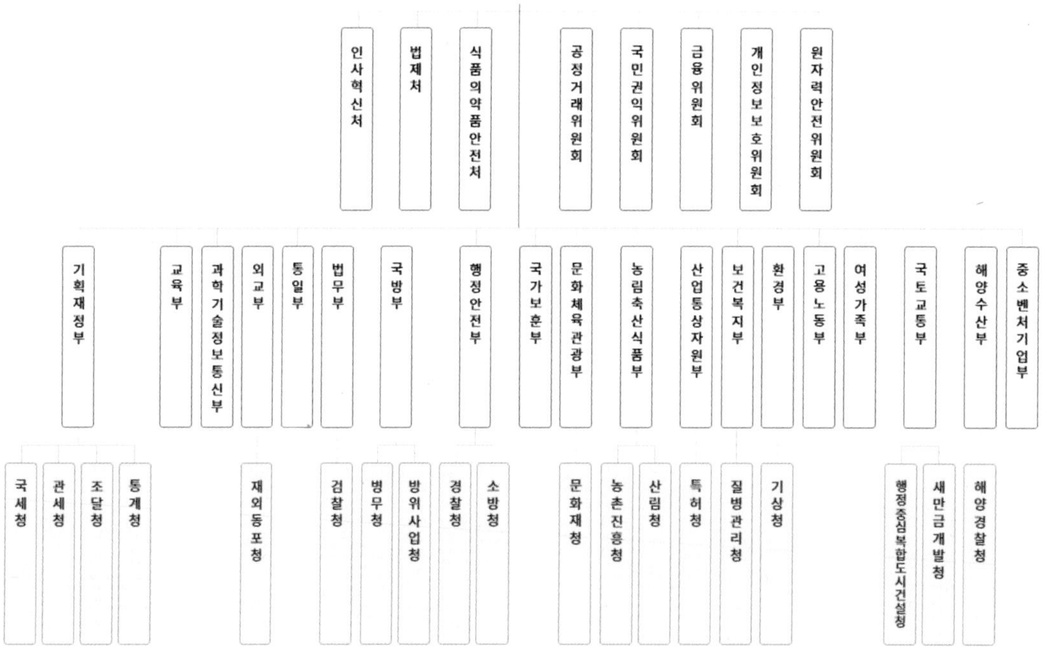

[출처] 정부24(www.gov.kr)

03 국회의 회기

- 국회는 일정한 기간을 정하여 개회되며 그 기간을 회기라 함
- 국회는 회기 동안 활동 능력을 가지고 안건을 심사함
- 정기회

집회	매년 9월 1일에 집회하되 그 날이 공휴일인 때에는 그 다음날에 집회함.
회기	100일 이내
주요 활동	다음 연도의 예산안을 심의 · 확정하며, 법률안 및 기타 · 안건을 처리하고 국정에 관한 교섭단체대표연설 및 대정부질문 등을 실시함.

[출처] 대한민국 국회(www.assembly.go.kr)

04 대법원과 고등법원

- 대법원

  대법원은 대법원장과 13명의 대법관으로 구성. 보통 대법관 4명으로 구성된 재판부에서 재판을 하지만 4명의 의견이 일치하지 않거나 사회적으로 영향이 큰 사건의 경우 대법원장과 대법관 12인이 참여하는 전원 합의체 재판을 함

- 고등법원

  고등법원은 서울, 대전, 대구, 부산, 광주, 수원에 있으며 2심 재판을 맡음. 항상 3명의 판사가 합의해서 재판을 함

[출처] 중앙선거관리위원회(www.nec.go.kr)

참고자료

대법원 어린이 홈페이지
https://www.scourt.go.kr/kids/

8 남북통일과 세계

[기초 2] 교재 78-85쪽

개관

이 차시의 목표는 6·25 전쟁과 남북통일을 위한 노력에 대해 설명하고, 국제 사회에서 활동하는 한국의 다양한 모습을 제시하는 것이다. 이를 위해 6·25 전쟁과 분단, 남북통일을 위한 노력, 다른 나라로 협력하는 한국, 세계로 진출하는 한국인에 대한 내용을 학습한다.

단계		교수 · 학습활동	교수 자료	시간
도입	생각해 보기	○ **남북 공동 입장과 한반도기에 대해 이야기하기** 다음은 2018년 평창동계올림픽에서 남한과 북한 선수들이 함께 입장하는 사진입니다. 태극기 대신 한반도기를 들고 입장했습니다. 한반도기를 본 적이 있나요?	(PPT #1-2)	4분
	학습목표	○ **학습목표 제시** 1. 6 · 25 전쟁과 남북통일을 위한 노력에 대해 설명할 수 있다. 2. 국제 사회에서 활동하는 한국의 다양한 모습을 제시할 수 있다.	(PPT #3)	1분
전개	주제1 (강의)	○ **6 · 25 전쟁과 분단에 대해 설명하기** 여러분은 한국이 전쟁을 겪은 것을 알고 있나요? 전쟁으로 건물과 땅이 파괴되었고 많은 사람이 죽거나 다쳤습니다. 여전히 남북분단으로 가족을 못 만나는 이산가족도 있습니다. 이러한 문제를 해결하기 위해서는 남북통일이 필요합니다. ○ **남북통일을 위한 노력에 대해 설명하기** 남한과 북한은 전쟁 이후 서로 대립한 적도 있지만 협력을 하기도 합니다. 2018년에는 남북 정상 회담을 판문점에서 개최하여 한반도의 평화를 위해 약속하기도 했습니다.	(PPT #4-5)	10분
	알아두면 좋아요 1	○ **6 · 25 전쟁에 도움을 준 국가에 대해 알아보기** 6 · 25 전쟁에 도움을 준 나라는 22개 국가입니다. 전투를 지원하거나 의료 관련 지원을 해 주었습니다. ○ **판문점에 대해 알아보기** 판문점은 6 · 25 전쟁 때 휴전을 논의한 곳입니다. 2018년에는 판문점에서 남북 정상 회담을 진행하였습니다.	(PPT #6)	5분
	주제2 (강의)	○ **다른 나라와 협력하는 한국의 모습에 대해 알아보기** 여러분 유엔 평화 유지군에 대해 들어 보셨나요? 한국은 과거에 외국의 도움을 받아 전쟁의 피해를 회복하고 경제를 성장시켰습니다. 이제는 한국이 국제 사회에 많은 도움을 주고 있습니다. ○ **세계로 진출하는 한국인에 대해 알아보기** 여러분 '기생충'이라는 영화를 본 적이 있습니까? 아카데미 영화제에서 작품상을 받은 봉준호 감독이 만든 영화입니다. 가수 BTS도 한국뿐만 아니라 세계적으로 인기가 많습니다.	(PPT #7-8)	10분
	알아두면 좋아요 2	○ **한국의 여권 파워에 대해 알아보기** 한국의 여권을 본 적이 있나요? 한국 여권을 가지고 있으면 비자 없이도 193개국을 여행할 수 있습니다. ○ **한국의 국제구조대 활동에 대해 알아보기** 튀르키예 강진으로 실종자 수색 등을 위해 한국의 국제 구조대가 파견되었습니다. 1997년 설립된 국제 구조대는 베트남, 네팔 등 재난 현장에서 인명 구조 활동을 지원하고 있습니다.	(PPT #9)	5분
정리	내용 정리하기	○ **내용 정리하기**	(PPT #10-12)	7분
	함께 이야기 나누기	○ **한국이 속한 국제기구에 대해 이야기해 보기** 자신의 고향 나라와 한국이 함께 속해 있는 국제기구가 있는지 인터넷 검색을 통해 자유롭게 이야기해 봅시다. ○ **다음 차시 예고**	(PPT #13)	8분

학습 내용 정리

01 남북통일을 바라며

1) 6 · 25 전쟁과 분단
   ① 전쟁 발발: 1950년 6월 25일
   ② 전쟁의 피해: 건물, 땅 등 파괴 및 인명 피해, 이산가족 발생
   ③ 남북통일 필요성: 이산가족 상봉, 세계 평화에 기여
2) 남북통일을 위한 노력
   ① 분단 상황: 대립하고 갈등하기도 하지만 여러 분야에서 협력하기도 함
   ② 이산가족 만남의 자리 마련
   ③ 남북 정상 회담 개최

02 국제 사회에서 한국은 어떤 모습일까?

1) 다른 나라와 협력하는 한국
   ① 과거: 전쟁 피해 회복을 위해 외국의 도움을 받음
   ② 현재: 세계에 어려운 일이 생겼을 때 적극적 지원
   ③ 예: 분쟁 지역에서의 유엔 평화 유지군 활동, 재난 현장으로의 구조대 파견 등
2) 세계로 진출하는 한국인
   ① 반기문: 유엔 사무총장
   ② 봉준호: 아카데미 영화제 작품상 수상 영화감독
   ③ BTS: 미국 음악 차트 1위 차지 가수 그룹

8 남북통일과 세계

내용 정리하기 답안

<table>
<tr><td rowspan="3">1</td><td colspan="2">6 · 25 전쟁 • ╲╱ • 남북 정상 회담이 열린 장소
판문점 • ╱╲ • 북한의 침략으로 시작된 전쟁
이산가족 •———• 고향을 떠나 서로 헤어지게 된 가족</td></tr>
</table>

1	6 · 25 전쟁 • ─ • 북한의 침략으로 시작된 전쟁 판문점 • ─ • 남북 정상 회담이 열린 장소 이산가족 • ─ • 고향을 떠나 서로 헤어지게 된 가족	
2	한국은 현재 통일 국가이다. (×)	6 · 25 전쟁 이후 남한과 북한은 계속 대립과 갈등만을 겪어 왔다. (×)
	남북 분단으로 많은 이산가족이 생겼다. (○)	오늘날 한국은 과거에 국제 사회로부터 받았던 도움에 보답하고 있다. (○)
3	• 남한의 대통령과 북한의 최고 지도자가 판문점에서 만나 남북 (정상) 회담을 열었다.	
	• 한국의 국군은 해외 분쟁 지역에서 유엔 (평화 유지군) 활동을 하고 있다.	

함께 이야기 나누기 예시 답안

- (예) 중국과 한국이 같이 속한 국제기구에는 ASEM(아셈)이 있습니다.
- (예) ASEM(아셈)은 아시아와 유럽 지역에 관계된 모든 문제를 포괄적으로 논의하는 일을 하고 정치, 경제, 문화 · 사회 3개 분야에 협력하고 있습니다.

남북통일에 대해 이야기 나누기

01 한국의 남북통일에 대해 찬성과 반대 입장에서 이야기해 봅시다.

찬성	
반대	

02 통일된 한국의 모습을 상상해 보면서 자유롭게 이야기해 봅시다.

도움자료

◉ 통일을 위한 노력

• 북한 이탈 주민을 위한 정책

[출처] 통일부(www.unikorea.go.kr)

심화자료

01 38선과 휴전선의 차이

- 38선은 광복 후 미군과 소련군이 남북을 분할한 선
- 휴전선은 군사 분계선으로 6·25 전쟁 이후 교전이 멈춘 지점을 경계로 만든 선

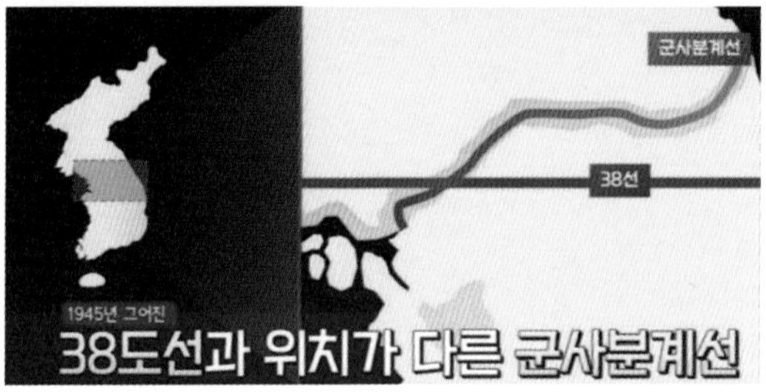

[출처] MBC 〈선을 넘는 녀석들〉

02 판문점

- 비무장 지대인 경기도 파주시 진서면의 군사 분계선에 걸쳐 있는 마을
- 6·25 전쟁 때 1951년 10월부터 1953년 7월까지 유엔군과 공산군 간의 휴전회담이 열렸던 곳
- 중립 지역으로 67년간 명확한 주소지가 없었다가 2020년 12월 파주시에서 토지 정보를 복구, '파주시 진서면 통일로 3033'으로 주소지가 확정됨

[출처] 두산백과(www.doopedia.co.kr)

03 대한민국 여권 파워, 세계 3위

- 한국이 세계에서 가장 영향력 있는 여권 순위에서 공동 3위 차지
- 2023년 기준 헨리앤드파트너스 여권 지수에서 싱가포르가 192점으로 1위 차지
- 한국 여권은 189개 국가 무비자 입국
- 한국은 오스트리아, 핀란드, 일본, 프랑스 등과 함께 여권 지수 공동 3위

[출처] 매일경제(2023.7.19.)

04 손흥민, 프리미어리그 역대 위대한 선수 톱50위에 뽑혀

- 손흥민이 잉글랜드 프리미어리그 역대 위대한 선수 톱 50위에 선정됨
- 지난 2021~2022 시즌 리그 35경기에 출전해 23골을 넣어 아시아 선수 최초로 EPL 득점왕에 오름. 그해 아시아 선수로는 최초로 '골든 부트'를 수상함

[출처] 뉴시안

참고자료

MBC 〈선을 넘는 녀석들〉
https://program.imbc.com/crosstheline5

대단원 정리『정치와 우리 생활』

[기초 2] 교재 86-91쪽

개관

이 차시의 목표는『정치와 우리 생활』영역에서 배운 '민주주의가 걸어온 길', '국민의 손으로 뽑는다', '한국의 국가 권력', '남북통일과 세계'에 대한 내용을 학습자들이 스스로 정리해 보며, 한국의 정치를 이해할 수 있도록 지원하고 조력한다.

단계	교수 · 학습활동		교수 자료	시간
도입	학습 내용 환기하기	○ **학습 내용 환기하기** 『정치와 우리 생활』영역에서 배운 '민주주의가 걸어온 길', '국민의 손으로 뽑는다', '한국의 국가 권력', '남북통일과 세계'에 대한 내용을 배웠습니다. 새롭게 알게 되었거나 기억나는 내용은 무엇인가요?	(PPT #1)	5분
	대단원 내용 정리	○ **대단원 내용 정리하기** 〈보기〉에서 알맞은 것을 빈칸에 써 보세요. '민주주의가 걸어온 길' 빈칸에 들어갈 내용은 무엇인가요? '국민의 손으로 뽑는다' 빈칸에 들어갈 내용은 무엇인가요? '한국의 국가 권력' 빈칸에 들어갈 내용은 무엇인가요? '남북통일과 세계' 빈칸에 들어갈 내용은 무엇인가요?	(PPT #2-3)	10분
전개	스스로 해결하기	○ **과제 확인하기** 스스로 해결하기의 제목은 무엇인가요? 휴대 전화 비밀번호를 풀기 위해서는 어떤 문제를 해결해야 하나요? ○ **과제 해결하기** '국민이 나라의 주인으로서 나라를 직접 다스리는 방식'의 뜻풀이는 몇 번인가요? '국가나 다른 사람으로부터 간섭을 받지 않고 스스로 자신의 일을 할 수 있는 것'은 몇 번인가요? '국가의 의사를 최종적으로 결정하는 권력'은 몇 번인가요? '남북 분단으로 이리저리 흩어져서 서로 소식을 모르는 가족'의 뜻풀이는 몇 번인가요? '나누어진 것들을 합쳐서 하나로 모이게 함'의 뜻풀이는 몇 번인가요? 다음 뜻풀이에 해당하는 낱말을 찾아 휴대 전화의 비밀번호를 풀어 봅시다.	(PPT #4)	10분
	스스로 탐구하기	○ **스스로 탐구하기** 스스로 탐구하기의 제목은 무엇인가요? 투표율을 높이기 위한 아이디어에 대해 알아볼까요? 먼저 한국에서는 투표를 하면 투표 확인증을 받습니다. 이것을 통해 음식점이나 야구장 등에서 할인을 받을 수 있습니다. 투표율을 높이기 위해서 어떻게 하는 것이 좋을지 이야기해 보세요.	(PPT #5)	10분
	스스로 평가하기	○ **스스로 평가하기** 89쪽에 제시된 문제를 잘 읽고 정답을 맞혀 봅시다. 첫 번째, 다음 빈칸에 들어갈 말로 옳은 것은 몇 번입니까? 두 번째, 다음 설명하는 기관의 명칭으로 옳은 것은 몇 번입니까? 세 번째, 한국의 선거에 대한 설명으로 옳지 않은 것은 몇 번입니까? 네 번째, 〈보기〉에서 한국의 민주주의에 대한 옳은 설명을 모두 고른 것은 몇 번입니까?	(PPT #6-9)	10분
정리	화보	○ **화보 살펴보기** 여러분은 이번 단원에서 한국의 국가 권력에 대해 배웠습니다. 나라의 살림을 하는 곳을 행정부라고 합니다. 행정부에 속해 있는 부서가 하는 일에 대해 알아 봅시다. 여러분의 고향에서는 어디서 나라의 살림을 맡아서 하나요?	(PPT #10-11)	5분

대단원 내용 정리 답안

5. 민주주의가 걸어온 길	• 국민	• 인간 존엄성
6. 국민의 손으로 뽑는다	• 18	• 선거관리위원회
7. 한국의 국가 권력	• 대통령	• 국회, 정부, 법원
8. 남북통일과 세계	• 분단	• 이산가족

스스로 해결하기 답안

휴대 전화 비밀번호를 풀어라!

1. 첫 번째 숫자: 8(민주주의)
2. 두 번째 숫자: 2(자유)
3. 세 번째 숫자: 4(주권)
4. 네 번째 숫자: 0(이산가족)
5. 다섯 번째 숫자: 5(통일)

휴대 전화 비밀번호 ⇒

8	2	4	0	5

스스로 탐구하기 예시 답안

투표율을 높이기 위해서 어떻게 하는 것이 좋을지 이야기해 보세요.

(예) 사전 투표일 기간을 늘립니다. 선거 관련 홍보 활동을 많이 합니다.

스스로 평가하기 답안

1. ② 2. ④ 3. ① 4. ④	
1. (정답 해설)	② 6 · 25 전쟁은 1950년 6월 25일 새벽에 일어났다.
2. (정답 해설)	④ 행정부는 나라의 살림살이를 하는 곳이다. 최고 책임자는 대통령이며 국무총리, 장관, 공무원으로 구성되어 있다.
3. (정답 해설)	① 한국의 선거는 18세 이상 국민이면 누구나 투표할 수 있다.
4. (정답 해설)	ㄱ. 한국에서는 정권이 선거를 통해 교체되기도 한다. ㄷ. 한국에서는 18세 이상이면 누구나 선거에 참여하여 투표할 수 있다.

9 한국에서 쇼핑하기

[기초 2] 교재 94-101쪽

개관

이 차시의 목표는 한국의 다양한 쇼핑 장소와 변화하는 쇼핑 문화, 결제 방법과 그 변화 모습에 대해 설명하는 것이다. 이를 위해 한국인의 쇼핑 장소, 온라인 쇼핑, 현금이 필요 없는 사회, 간편 결제 서비스에 대한 내용을 학습한다.

단계	교수 · 학습활동		교수 자료	시간
도입	생각해 보기	○ **쇼핑 경험 이야기하기** 다음은 한국의 다양한 쇼핑 장소입니다. 전통 시장, 백화점, 대형 마트, 편의점, 온라인 쇼핑 등 중에서 여러분은 보통 어디에서 쇼핑합니까? 자신의 경험을 바탕으로 자유롭게 이야기해 봅시다.	(PPT #1-2)	4분
	학습목표	○ **학습목표 제시** 1. 한국의 다양한 쇼핑 장소와 변화하는 쇼핑 문화에 대해 설명할 수 있다. 2. 한국의 결제 방법과 그 변화 모습에 대해 설명할 수 있다.	(PPT #3)	1분
전개	주제1 (강의)	○ **한국인의 쇼핑 장소 설명하기** 한국인은 보통 대형 마트나 전통 시장, 편의점, 백화점 등에서 쇼핑을 합니다. 대형 마트의 인기가 높은 이유는 무엇일까요? 전통 시장의 특징은 무엇인가요? 편의점을 이용하는 사람이 많아지고 있는 이유는 무엇일까요? ○ **온라인 쇼핑 설명하기** 최근 인터넷의 발달로 온라인 쇼핑이 크게 늘고 있습니다. 온라인 쇼핑의 장점은 무엇일까요? 온라인 쇼핑과 한국의 배송 문화는 어떤 관련이 있을까요?	(PPT #4-5)	10분
	알아두면 좋아요 1	○ **중고 물건 잘 사는 방법 알아보기** 모바일 중고 거래 앱 이용자 수 현황은 어떤가요? 중고 물건을 안전하게 구입하기 위해서는 어떻게 해야 할까요? 직거래 장소는 어디로 선택하면 좋을까요?	(PPT #6)	5분
	주제2 (강의)	○ **현금이 필요없는 사회 이해하기** 사람들은 물건을 살 때 어떤 방법을 사용하나요? 현금 사용이 줄어드는 대신에 신용 카드 사용이 증가하는 이유는 무엇일까요? 신용 카드를 사용할 때 유의해야 할 점은 무엇일까요? 스마트폰으로 소액 결제를 하려면 어떤 과정을 거쳐야 하며 사용 금액은 어디에 포함되나요? ○ **간편 결제 서비스 설명하기** 간편 결제 서비스란 무엇인가요? 사람들이 주로 사용하는 간편 결제 서비스에는 무엇이 있을까요? 간편 결제 서비스 사용자가 계속 늘고 있는 이유는 무엇일까요?	(PPT #7-8)	10분
	알아두면 좋아요 2	○ **기프티콘 알아보기** 기프티콘이란 무엇일까요? 여러분은 기프티콘을 사용해 본 적이 있나요? 기프티콘을 이용하려면 어떻게 하면 될까요? 기프티콘 결제는 어떤 방식으로 진행하면 되나요?	(PPT #9)	5분
정리	내용 정리하기	○ **핵심 내용 정리**	(PPT #10-12)	7분
	함께 이야기 나누기	○ **한국의 다양한 배달 서비스 알아보기** 여러분은 한국에서 음식이나 물품을 배달받아 본 적이 있나요? 제시된 사진에는 어떤 배달 서비스 내용이 담겨 있나요? 자신이 경험한 한국 배달 문화의 편리한 점과 개선해야 할 점으로 무엇이 있는지 자유롭게 이야기해 보세요. ○ **다음 차시 예고**	(PPT #13)	8분

학습 내용 정리

01 한국인은 어디에서 쇼핑할까?

1) 한국인의 쇼핑 장소

① 대형 마트: 물건이 다양하고 값도 싼 편임

② 전통 시장: 값이 싼 물건이 많음

③ 편의점: 소규모 상품을 구입하려는 사람들이 찾음

2) 온라인 쇼핑

① 최근 인터넷의 발달로 온라인 쇼핑이 크게 늘고 있음

② 장점: 빠르고 편리함, 컴퓨터나 스마트폰만 있으면 언제 어디서나 주문할 수 있음

③ 온라인 쇼핑의 증가는 물건 배송이 매우 빠른 한국 문화와도 관련이 깊음

02 결제 방법에는 무엇이 있을까?

1) 현금이 필요 없는 사회

① 현금 사용이 줄어들고 신용 카드 사용은 증가하고 있음

② 신용 카드는 할부 서비스를 이용할 수 있고, 현금이 없어도 상품을 살 수 있음

③ 자신의 형편에 맞게 신용 카드를 사용해야 함

④ 간단한 본인 인증을 거치면 스마트폰으로 소액 결제를 할 수도 있음

2) 간편 결제 서비스

① 스마트폰에 은행 계좌, 신용 카드, 체크 카드 등을 등록해 놓고, 간편하게 바로 결제하는 방식

② 종류: 제로페이, 카카오페이, 삼성페이, 네이버페이 등이 있음

③ 빠르고 편리하기 때문에 사용자가 계속 늘어나고 있음

9 한국에서 쇼핑하기

내용 정리하기 답안

<table>
<tr><td rowspan="3">1</td><td>간편 결제 서비스</td><td>물건이 다양하고 값이 대체로 싼 편이며, 할인 행사가 많고 주차 시설도 잘되어 있다.</td></tr>
<tr><td>대형 마트</td><td>제로페이, 카카오페이, 삼성페이, 네이버페이 등이 있다.</td></tr>
<tr><td>배달 앱</td><td>스마트폰을 이용한 음식 주문이 증가하면서 빠르게 성장하고 있다.</td></tr>
<tr><td rowspan="3">2</td><td>최근 한국은 현금 사용이 빠른 속도로 증가하고 있다. (×)</td><td>온라인 쇼핑 업체들이 빠른 배송을 위해 경쟁하고 있다. (○)</td></tr>
<tr><td>간편 결제 서비스를 이용하는 이유는 편리함 때문이다. (○)</td><td>1인 가구가 늘어나면서 편의점 이용이 증가하고 있다. (○)</td></tr>
<tr><td>전통 시장은 값이 비싸지만 돌아다니면서 쇼핑하기 편하다. (×)</td><td>적은 금액은 스마트폰으로 소액 결제를 할 수 있다. (○)</td></tr>
<tr><td rowspan="2">3</td><td colspan="2">• (온라인) 쇼핑의 증가는 한국의 배송 문화와도 관련이 깊다.</td></tr>
<tr><td colspan="2">• (신용 카드)는 할부 서비스를 이용할 수 있고 현금이 없어도 상품을 살 수 있다.</td></tr>
</table>

(1번 연결 답: 간편 결제 서비스 – 제로페이, 카카오페이, 삼성페이, 네이버페이 등이 있다. / 대형 마트 – 물건이 다양하고 값이 대체로 싼 편이며, 할인 행사가 많고 주차 시설도 잘되어 있다. / 배달 앱 – 스마트폰을 이용한 음식 주문이 증가하면서 빠르게 성장하고 있다.)

함께 이야기 나누기 예시 답안

• (예) 한국은 무엇이든지 빠르게 배달이 되어서 편리합니다. 하지만 빠르게 배달하려다 보니 배달 일을 하는 사람들이 위험한 상황에 처하는 경우도 많은 것 같습니다.

결제 방법에 대해 이야기 나누기

01 한국의 주요 쇼핑 장소와 그 특징을 바르게 연결해 봅시다.

[대형 마트]

[전통 시장]

[편의점]

1인 가구의 증가와 함께 소규모 상품에 대한 수요가 늘어나면서 이용하는 사람이 많아지고 있다.

값이 싼 물건이 많다. 최근 지붕을 만들고 환경을 깨끗하게 정리하는 등 현대화를 위해 노력하고 있다.

물건이 다양하고 값도 싼 편이다. 할인 행사도 많이 하고 주차 시설도 잘되어 있어서 인기가 높다.

02 한국에서 생활하면서 자주 활용하는 결제 방법에 대해 이야기를 나눠봅시다.

자주 활용하는 결제 방법	
그 이유는 무엇인가요?	

도움자료

⊙ 2021년 경제 주체별 현금 사용 행태 조사 결과

- 한국은행이 국민의 현금 사용에 관한 특성 등을 파악하기 위해 가계를 대상으로 현금 사용 행태 조사를 실시함
- 출처: 한국은행 누리집(www.bok.or.kr)
- 주요 내용: 비현금 지급 수단 이용 확대 등으로 현금 사용이 지속적으로 감소하는 추세임. 가계가 상품 및 서비스 구입 등을 위해 지출한 현금의 규모가 감소하고 지급 수단 가운데 현금이 차지하는 비중도 지속적으로 하락

- 최근 1년간 가구당 월평균 현금 지출액은 51만 원으로 2018년(64만 원)에 비해 13만 원(△25.4%) 감소
- 전체 지출액에서 현금이 차지하는 비중도 21.6%로 신용 - 체크 카드(58.3%)의 절반 수준으로 크게 하락

심화자료

01 신용 카드 · 직불 카드 · 체크 카드 비교

구분	신용카드	직불카드	체크카드	선불카드
네트워크	신용카드망	직불카드 공동망	신용카드망	신용카드망
발급기관	인행 및 신용카드사	은행	은행 및 신용카드사	은행 및 신용카드사
사용장소	신용카드가맹점 (약 200만개)	직불카드가맹점 (약 30만개)	신용카드가맹점 (약 200만개)	신용카드가맹점 (약 200만개)
이용 시간	24시간	08:00 ~ 23:30 (은행공동망 가동시간)	24시간 (단, 하루 5분 정도의 시스템 점검시간에는 사용불가)	24시간
결제방법	선구매 후결제	구매 즉시 결제	구매 즉시 결제	구매 즉시 결제
연회비	있음	없음	없음	없음
이용한도	신용한도액	예금잔액 범위내	예금잔액 범위내	충전잔액 이내
할부구매	가능	불가능	불가능	불가능
신용공여	가능	불가능	불가능 (단, 신용공여 기능이 있으면 가능함)	불가능

[출처] 한국은행, 우리나라의 지급결제제도, 2009

02 신용 카드를 도난당하거나 분실했을 때는 어떻게 해야 하나요?

- 신용 카드 회원은 신용 카드를 분실하거나 도난당한 경우 즉시 신용 카드사에 그 내용을 전화 또는 서면 등으로 신고해야 함
- 다만, 회원의 도난·분실 신고가 신용 카드사의 조사 결과 회원의 고의에 의한 허위 신고로 밝혀질 경우 회원은 신용 카드사가 입은 손해 및 조사 비용을 부담해야 함
- 만약 분실 중에 분실 카드로 결제되었다는 문자를 받았다면, 신용 카드사는 회원으로부터 그 신용 카드의 도난 · 분실 등의 통지를 받은 때부터 그 회원에 대하여 신용 카드의 사용에 따른 책임을 지게 됨
- 위에 따른 통지 전에 생긴 신용 카드의 사용에 대해서는 도난·분실 등의 통지를 받은 날부터 60일 전까지의 기간의 범위에서 책임을 짐
- 따라서 신용 카드 회원은 도난 · 분실 신고 접수 시점으로부터 60일 전 이후에 발생한 제3자의 신용 카드 부정 사용 금액에 대하여, 일정한 경우를 제외하고는 신용 카드사가 정하는 소정 양식에 따라 서면으로 신용 카드사에 보상을 신청할 수 있음

[출처] 찾기 쉬운 생활법령정보, 2023

03 간편 결제 서비스 현황

- 한국은행에 따르면 결제액 기준 국내 간편결제 시장 규모는 2016년 11조7810억 원에서 2020년 120조 원을 돌파했음. 삼성전자, LG전자 등 디바이스 사업자, 네이버 · 카카오 · NHN · SK플래닛 등 플랫폼 사업자, PG사, 신세계 · 롯데 등 유통사들이 페이 서비스를 하고 있다. 정부에서 주도하는 제로페이도 선보이고 있음
- 페이 서비스 경쟁이 치열한 이유는 결제 기능이 갖는 중요성 때문임. 일단 한 번이라도 결제 서비스를 이용한 고객들은 다음번에도 같은 서비스를 이용할 확률이 높음. 특히 O2O(온&오프 연계 사업) 사업 확대에 있어 페이 서비스는 필수적임. 뿐만 아니라 간편 결제와 소셜 커머스 서비스에 돈을 맡기면 은행 이자보다 큰 수익을 벌 수 있는 시대를 열기도 했음

[출처] 파이낸스투데이, 2023

참고자료

한국은행 www.bok.or.kr
찾기 쉬운 생활법령정보 www.easylaw.go.kr

10 돈 관리 방법

[기초 2] 교재 102-109쪽

개관

이 차시의 목표는 통장을 만들고 이용하는 방법, 계획적인 지출과 저축 습관을 기르는 방법에 대해 설명하는 것이다. 이를 위해 통장 만드는 방법, 예금과 적금, 인터넷과 함께 변화하는 은행, 계획적인 지출, 저축하는 습관에 대한 내용을 학습한다.

단계		교수 · 학습활동	교수 자료	시간
도입	생각해 보기	○ **돈 관리 방법 이야기하기** 다음은 돈을 모으고 관리하는 모습입니다. 여러분은 보통 돈을 어떤 방법으로 모으고 관리합니까? 자신의 경험을 바탕으로 자유롭게 이야기해 봅시다.	(PPT #1-2)	4분
	학습목표	○ **학습목표 제시** 1. 통장을 만들고 은행을 이용하는 방법에 대해 설명할 수 있다. 2. 계획적인 지출과 저축 습관을 기르는 방법에 대해 설명할 수 있다.	(PPT #3)	1분
전개	주제1 (강의)	○ **통장 만들기** 한국에서 통장을 만들기 위해 은행을 방문할 때 무엇을 챙겨야 할까요? 은행마다 필요한 서류가 다를 수 있으므로 미리 확인하고 가는 것이 좋습니다. ○ **예금과 적금** 사람들은 돈을 모으거나 보관할 때 은행의 예금, 적금을 많이 이용하며 이는 비교적 안전한 방법입니다. 정기 예금은 어떤 방식으로 이루어질까요? 정기 적금은 어떤 방식일까요? 정기 예금과 정기 적금의 차이는 무엇일까요? ○ **인터넷과 함께 변화하는 은행** 인터넷 뱅킹이나 모바일 뱅킹의 장점은 무엇일까요? 인터넷 전문 은행의 종류와 특징은 무엇일까요? '자산 관리 앱'을 통해 어떤 도움을 받을 수 있을까요?	(PPT #4-5)	10분
	알아두면 좋아요 1	○ **외국인을 위한 다양한 금융 서비스** 한국의 은행에서는 외국인의 금융 업무를 돕기 위해 어떤 지원을 하고 있나요? 외국인 근로자를 대상으로 하는 은행의 특징은 무엇일까요? 은행, 카드, 금융 사기 등에 대해 상담하고 싶을 때 어디로 전화하면 될까요?	(PPT #6)	5분
	주제2 (강의)	○ **계획적인 지출** 돈을 모으기 위해서 가장 먼저 해야 할 일은 무엇일까요? 가계부를 쓰면 좋은 점이 무엇일까요? 계획적인 돈 관리를 하기 위한 방법에는 무엇이 있을까요? ○ **저축하는 습관** 여러분은 돈을 모아서 무엇을 하고 싶습니까? 저축하는 습관은 매우 중요합니다. 자신의 경제 상황에 맞는 돈 관리 방법에 대해 금융 기관 등에서 상담을 받아 볼 수도 있습니다.	(PPT #7-8)	10분
	알아두면 좋아요 2	○ **신용 카드보다 체크 카드를 사용하세요.** 신용 카드 사용 시 장점과 조심해야 할 점은 무엇일까요? 체크 카드 결제 방식은 어떻게 이루어지나요? 신용 카드보다 체크 카드를 쓸 때 유익한 점은 무엇인가요?	(PPT #9)	5분
정리	내용 정리하기	○ **핵심 내용 정리**	(PPT #10-12)	7분
	함께 이야기 나누기	○ **금융 사기, 조심하세요** 여러분은 스미싱, 파밍, 메신저 피싱과 같은 금융 사기 전화나 메시지 등을 받아 본 적이 있습니까? 또는 주변에 있는 사람이 금융 사기를 경험한 것을 들어 본 적이 있습니까? 그러한 경우 어떻게 대응을 했나요? 금융 사기 피해를 당하지 않으려면 어떻게 해야 하는지 이야기해 보세요. ○ **다음 차시 예고**	(PPT #13)	8분

학습 내용 정리

01 은행은 어떻게 이용해야 할까?

1) 통장 만들기
   ① 통장을 만들 때는 신분증을 가지고 은행에 감
   ② 은행마다 필요한 서류가 다를 수 있음
2) 예금과 적금
   ① 돈을 모으거나 보관할 때 예금과 적금을 많이 이용함
   ② 정기 예금과 정기 적금은 안전한 돈 관리 방법임
3) 인터넷과 함께 변화하는 은행
   ① 인터넷 뱅킹이나 모바일 뱅킹은 다양한 장점을 갖고 있음
   ② 인터넷 전문 은행: 카카오뱅크, K뱅크, 토스뱅크 등
   ③ 자산 관리 앱을 통해 돈 관리를 하는 데 도움을 받을 수 있음

02 결제 방법에는 무엇이 있을까?

1) 계획적인 지출
   ① 가계부를 정리하는 것이 유용함
   ② 통장은 생활비, 교육비 등 종류별로 나누어 돈을 모아 놓음
   ③ '5만 원으로 1주일 살기' 등과 같은 목표를 정하고 도전함
   ④ 카드보다는 현금, 신용 카드보다는 체크 카드를 사용함
2) 저축하는 습관
   ① 적은 돈이라도 저축하는 습관을 기르도록 함
   ② 금융 기관 등을 통해 돈 관리 방법을 상담함

10 돈 관리 방법

내용 정리하기 답안

1	인터넷 전문 은행 •	• 정해진 기간 동안 은행에 일정한 돈을 맡겨 두고 기간이 끝나면 이자와 함께 찾는다.
	가계부 •	• 카카오뱅크, K뱅크, 토스뱅크는 모든 은행 거래를 인터넷으로만 한다.
	정기 예금 •	• 돈이 들어오고 나가는 것을 정리한 것으로, 불필요한 지출을 막는 데 도움이 된다.
2	통장을 종류별로 나누어 미리 조금씩 준비해 놓으면 나중에 지출 부담을 줄일 수 있다. (○)	인터넷 뱅킹과 모바일 뱅킹을 이용하면, 수수료를 할인받거나 면제받을 수 없다. (×)
	한국에서는 통장을 만들려면 자신의 신분증이 있어야 한다. (○)	돈을 모으려면 불필요한 지출을 줄이며 돈 관리를 해야 한다. (○)
3	• (정기 적금)은 정해진 기간 동안 매달 정해 놓은 액수만큼 은행에 넣고 기간이 끝나면 이자와 함께 돌려받는 방법이다.	
	• 적은 돈이라도 꾸준히 (저축)하는 습관을 길러야 돈을 모을 수 있다. 특히 돈을 모아서 무엇을 할지 목표를 세우면 동기 부여가 된다.	

(1번 연결: 인터넷 전문 은행 – 카카오뱅크, K뱅크, 토스뱅크는 모든 은행 거래를 인터넷으로만 한다. / 가계부 – 돈이 들어오고 나가는 것을 정리한 것으로, 불필요한 지출을 막는 데 도움이 된다. / 정기 예금 – 정해진 기간 동안 은행에 일정한 돈을 맡겨 두고 기간이 끝나면 이자와 함께 찾는다.)

함께 이야기 나누기 예시 답안

- (예) 친구가 보이스 피싱 전화를 받은 적이 있습니다. 아이를 데리고 있다고 하면서 돈을 보내라고 해서, 메신저로 아이에게 연락해서 안전하다는 것을 확인한 후 전화를 끊어 버렸다고 합니다.
- (예) 개인 정보가 유출되지 않도록 조심해야 하고, 금융 사기 전화 등이 오면 그 내용이 맞는지 자세히 알아봐야 합니다.

가계부 작성해 보기

01 다음 가계부 양식을 이용해 일주일간의 돈 관리 상황을 확인해 봅시다.

날짜	내용	수입(원)	지출(원)	잔액(원)
총계				

02 가계부를 쓸 때의 좋은 점에 대해 이야기를 나눠 봅시다.

가계부 작성의 좋은 점	

도움자료

◉ 가계부 쓰는 요령

① 제일 먼저 재무 목표를 적습니다: 재무목 표를 세울 때는 구체적인 기간과 숫자가 있어야 합니다.
(※ 예: 전세 보증금 증액을 고려하여 2년 안에 1,000만 원 모으기)

② 주기적으로 적어야 합니다: 매일 쓰는 게 제일 좋지만 쓰다가 포기하지 않도록 3일에 한 번, 1주일에 한 번도 좋습니다. 단, 자신이 쓴 돈을 잊어 버리면 안 됩니다.

③ 간단하게 적습니다: 사용한 돈의 목적에 따라 구분해서 적습니다. 자세하게 쓰지 않아도 괜찮습니다.
(※ 예: 입에서 살살 녹는 과자 500원(X), 식비 500원(O))

④ 매월 확인하는 것은 필수입니다: 가계부를 쓰는 목적을 잊어서는 안 됩니다. 잘하고 있는 점과 아쉬운 점을 찾아보면 분명 절약할 수 있습니다.

⑤ 내가 쓰기 쉬운 방법을 이용합니다: 꼭 종이 가계부를 이용할 필요는 없습니다. 요즘에는 가계부 앱을 이용하면 쉽게 가계부를 쓸 수 있습니다.

출처: 신용회복위원회, 신용을 지키는 나만의 요령, 2021

심화자료

01 통장 만들기(계좌 개설하기)

• 돈을 은행에 맡겨 편리하게 관리하려면 제일 먼저 통장을 만들어야 함. 계좌 개설이라고도 불리는 통장 만들기는 은행 방문 후 직원의 안내에 따라 진행하면 됨

• 계좌를 개설하려면 신분증 외에 아래와 같이 금융 거래 목적을 확인하는 증빙 서류가 필요함

> • 사업자: 사업자 등록증 등 사업 중임을 증명할 수 있는 서류
> • 근로자: 재직 증명서 등 재직 중임을 증명할 수 있는 서류
> • 학생: 재학 증명서 등 재학 중임을 증명할 수 있는 서류
> • 기타: 기타 금융 거래 목적을 증명할 수 있는 서류

• 안전한 금융 거래를 위해서는 비밀번호 보호가 중요함. 본인의 신분증 번호, 전화번호, 생년월일 등으로 비밀번호를 만들면 해킹 위험에 쉽게 노출될 수 있으며 다른 사람이 추측하기도 쉬움

• 또한, 비밀번호를 기억하기 힘들다고 통장에 비밀번호를 써 놓거나 제3자에게 알려주면 안 됨

[출처] 금융감독원, 외국인을 위한 금융 생활 가이드북, 2022

02 합리적 선택과 금융에 대한 의사 결정편익과 비용

• 편익과 비용

- 우리는 어떤 일을 해서 돈을 벌 것인지, 번 돈을 어떻게 쓸 것인지 같은 금융 생활의 고민을 끊임없이 함. 후회 없는 선택을 하려면 어떻게 해야 할까? '편익'과 '기회비용'이라는 개념이 선택에 도움이 됨
- 선택을 함으로써 벌어들인 소득이나 구입한 상품은 우리에게 만족감을 주는데, 이를 편익이라 함. 선택이 편익을 준다고 해서 우리가 한 선택이 모두 즐겁지만은 않음. 선택을 하면 무언가 포기하게 되어 아쉬움이 남기 때문임. 무엇을 선택함으로써 다른 것을 할 기회를 상실하게 될 때, 우리가 포기한 다른 기회가 줄 수 있었던 편익 중 가장 큰 것을 기회비용이라고 함

• 합리적 금융 의사 결정

- 우리는 큰 기쁨을 얻고, 아쉬움은 되도록 적게 하기 위해 여러 가지 대안들의 편익과 기회비용을 비교하여 선택하게 됨. 이러한 과정을 통해 편익이 기회비용보다 큰 대안을 선택할 수 있는데, 이를 합리적 선택이라고 함
- 개개인이 지속적으로 안정된 생활을 하고 사회도 지속 가능하기 위해서는 금융 생활에서의 의사 결정이 중요함. 금융 의사 결정의 책임은 자신에게 있으므로 합리적으로 선택하는 능력을 길러 책임 있게 금융 의사 결정을 해야 함

[출처] 금융감독원, 중학교 생활금융, 2022

03 금융 사기 피해 대처

- 지급 정지 피해 신고
  - (경찰청) 국번 없이 112
- 피싱누리집 신고
  - (인터넷진흥원) 국번 없이 118
- 피해 상담 및 환급
  - (금융감독원) 국번 없이 1332

참고자료

금융감독원 e-금융교육센터
www.fss.or.kr/edu

11 경제적인 주거 생활

[기초 2] 교재 110-117쪽

개관

이 차시의 목표는 한국인의 다양한 주거 형태와 주거 문화, 집을 사거나 빌리는 방법에 대해 설명하는 것이다. 이를 위해 한국인의 주거 형태, 한국의 전세와 월세, 주택청약종합저축, 공유 주택에 대한 내용을 학습한다.

단계		교수 · 학습활동	교수 자료	시간
도입	생각해 보기	○ **한국의 다양한 집의 모습 이야기하기** 다음은 한국의 다양한 집의 모습입니다. 여러분은 어떤 집에서 살고 싶습니까? 자신이 선호하는 집의 형태와 경험을 바탕으로 자유롭게 이야기해 봅시다.	(PPT #1-2)	4분
	학습목표	○ **학습목표 제시** 1. 한국인의 다양한 주거 형태와 주거 문화에 대해 설명할 수 있다. 2. 집을 사거나 빌리는 방법에 대해 설명할 수 있다.	(PPT #3)	1분
전개	주제1 (강의)	○ **한국인의 주거 형태** 한국에는 아파트, 빌라, 원룸, 오피스텔, 단독 주택 등 다양한 형태의 집이 있습니다. 아파트의 장점과 단점은 무엇인가요? 원룸이나 오피스텔 등의 인기가 높아지고 있는 이유는 무엇인가요? ○ **한국의 전세와 월세** 한국에서 집을 빌리는 형태는 전세와 월세로 나눌 수 있습니다. 전세는 어떤 방식인가요? 월세는 어떤 방식인가요? 전세와 월세의 공통점과 차이점은 무엇인가요? 집을 빌리려는 사람들은 대부분 전세를 더 선호하지만 최근 월세가 많이 늘어나고 있습니다.	(PPT #4-5)	10분
	알아두면 좋아요 1	○ **세입자를 보호하기 위한 제도에는 어떤 내용이 있을까?** 한국에서 세입자는 계약한 집에서 최소 몇 년을 살 수 있나요? 집주인은 특별한 이유 없이 계약 연장을 거절할 수 없습니다. 재계약할 때 집주인은 전세나 월세 금액을 5% 이상 올릴 수 없습니다. 집주인이 그 집에 직접 살게 될 경우에는 계약 연장 요구를 거절할 수 있습니다.	(PPT #6)	5분
	주제2 (강의)	○ **주택청약종합저축** 한 조사에 따르면 한국인은 80% 이상이 자기 소유의 집이 필요하다고 생각하고 있다고 합니다. 돈을 모아서 집을 사려는 사람은 대부분 주택청약종합저축에 가입합니다. 주택청약종합저축에 가입하면 할 수 있는 것은 무엇인가요? 주택청약종합저축의 가입 조건은 무엇인가요? ○ **공유 주택** 최근 1인 가구가 많은 청년들을 중심으로 집을 나눠 쓰는 공유 주택이 늘어나고 있습니다. 공유 주택에서는 개인 생활 공간을 보호하기 위해 방은 각자 따로 쓰고 거실, 부엌 등만 함께 사용합니다. 공유 주택의 장점은 무엇인가요?	(PPT #7-8)	10분
	알아두면 좋아요 2	○ **부동산 거래 안전하게 하는 방법** 집을 사거나 빌릴 때는 공인 중개사를 통하는 것이 안전합니다. 그 이유는 무엇인가요? 만약 공인 중개사를 통하지 않고 부동산 거래를 할 때에는 무엇을 주의해야 하나요?	(PPT #9)	5분
정리	내용 정리하기	○ **핵심 내용 정리**	(PPT #10-12)	7분
	함께 이야기 나누기	○ **내가 살고 싶은 집은 어디?** 한국에서는 집을 구할 때 중요하게 생각하는 것을 넣어서'ㅇ+세권'이라고 부릅니다. 여러분은 어떤 'ㅇ+세권'에서 살고 싶습니까? 그 이유는 무엇입니까? 자신의 고향 나라에서는 집을 구할 때 무엇을 중요하게 생각하는지 이야기해 보세요. ○ **다음 차시 예고**	(PPT #13)	8분

학습 내용 정리

01 1. 한국인은 어디에서 살까?

1) 한국인의 주거 형태

① 한국에는 아파트, 빌라, 원룸, 오피스텔, 단독 주택 등 다양한 형태의 집이 있음

② 아파트는 대체로 교통이 좋고 생활하기 편리한 곳에 위치해 있음

③ 아파트에서는 많은 사람이 같은 건물에 살기 때문에 층간 소음 등의 문제가 있을 수 있음

④ 최근에는 1인, 2인 가구가 증가하면서 원룸이나 오피스텔 등의 인기가 높은 편임

2) 한국의 전세와 월세

① 전세는 집주인에게 보증금을 맡기고 집을 빌린 뒤, 계약 기간이 끝나면 보증금을 다시 돌려받는 것임

② 월세는 집주인에게 매달 일정한 돈을 내고 빌리는 방식임

③ 집을 빌리는 사람들은 대부분 전세를 더 선호하지만 최근에는 월세가 많이 늘어나고 있음

02 집은 어떻게 마련해야 할까?

1) 주택청약종합저축

① 주택청약종합저축에 가입하면 새로 지은 아파트나 공공 임대 주택을 신청할 수 있음

② 1인 1통장만 가능하고, 집이 있는 사람도 가입할 수 있으며 나이 제한도 없음

③ 한국에 사는 외국인도 신분증을 가지고 은행에 가면 가입할 수 있음

2) 공유 주택

① 1인 가구가 많은 청년들을 중심으로 집을 나눠 쓰는 공유 주택이 늘어나고 있음

② 공유 주택에서는 방은 각자 따로 쓰고 거실, 부엌 등을 함께 사용함

11 경제적인 주거 생활

내용 정리하기 답안

1	공동 주택	계약 기간이 끝나면 보증금을 다시 돌려받는다.
	전세	아파트, 원룸, 오피스텔처럼 여러 가구가 함께 산다.
	주택청약종합저축	새로 지은 아파트나 공공 임대 주택을 신청하려면 필요하다.
2	집이 있는 사람은 주택청약종합저축에 가입할 수 없다. (×)	집을 빌리려는 사람들은 대부분 전세를 더 선호한다. (○)
	월세는 집주인에게 매달 일정한 돈을 내야 한다. (○)	공공 임대 주택은 월세가 비싸지만 오래 살 수 있다. (×)
	1인, 2인 가구의 증가로 단독 주택에 사는 사람이 늘어나고 있다. (×)	아파트에서는 층간 소음 등의 문제로 다툼이 생기는 경우도 있다. (○)
3	• 공동 주택 중 (아파트)는 대체로 교통이 좋고 생활하기 편리한 곳에 자리 잡고 있다.	
	• 청년들을 중심으로 집을 나눠 쓰는 (공유) 주택이 증가하고 있다. 부여가 된다.	

함께 이야기 나누기 예시 답안

• (예) 저는 학세권에서 살고 싶습니다. 왜냐하면 학교가 가까우면 아이가 학교에 다니기도 편하고 공부에도 도움이 될 거라고 생각하기 때문입니다.
• (예) 저희 고향 나라에서는 집을 구할 때 교통을 중요하게 생각합니다. 왜냐하면 교통이 편리해야 학교나 회사에 가기가 좋기 때문입니다.

한국에서 살고 싶은 집

01 내가 살고 싶은 주거 형태는 무엇인가요?

(※ 예: 아파트, 빌라, 원룸, 오피스텔, 단독 주택 등)

02 위와 같이 답한 이유에 대해 이야기해 봅시다.

03 한국과 고향 나라의 주거 형태의 공통점과 차이점은 무엇인지 이야기해 봅시다.

공통점	차이점

도움자료

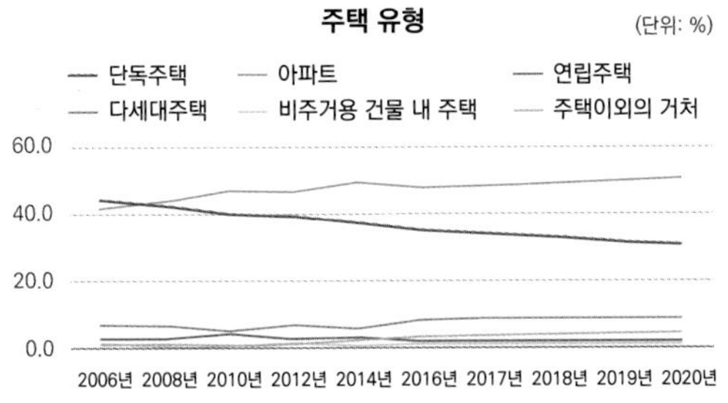

자료: 국토교통부 · 국토연구원, '주서실태조사', 각년도

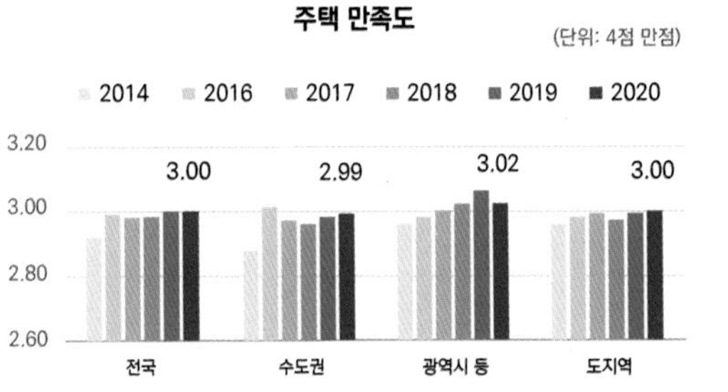

자료: 국토교통부 · 국토연구원, '주서실태조사', 각년도

[출처] https://www.krihs.re.kr/

심화자료

01 한국의 주거 현황

- (자가 보유율) '21년 전국의 '자가'를 보유한 가구는 전체 가구 중 60.6%로, '20년(60.6%)과 동일한 수준임
- (자가 점유율) '21년 전국의 '자가'에서 거주하고 있는 가구는 전체 가구 중 57.3%로, '20년(57.9%) 대비 소폭 감소함
- (점유 형태) '21년 점유 형태는 '자가' 57.3%, '임차' 39.0%, '무상' 3.7%로, '20년 대비 자가 가구는 감소(57.9→57.3%)하고, 임차 가구는 증가함(38.2 →39.0%)
- (평균 거주 기간) '21년 전체 가구의 평균 거주 기간은 7.5년임
- (주택 보유 의식) '21년 주택 보유 의식은 88.9%로, 전체 가구 중 대부분이 내 집을 보유해야 한다고 응답함
- (가장 필요한 주거 지원 프로그램) 전체 가구 중 주거 지원 프로그램이 필요하다고 응답한 가구는 41.3%로, 주택 구입 자금 대출 지원(36.0%)', '전세 자금 대출 지원(23.9%)', '장기 공공 임대 주택 공급(10.9%)', '월세 보조금 지원(9.8%)' 등을 응답함
- (주거 지원 프로그램 만족도) 공공 임대 주택에 거주하고 있는 가구 중 95.2%가 만족한다고 응답하여, '20년(94.4%) 대비 만족도가 상승함

[출처] 국토교통부, 2021년도 주거실태조사 결과, 2022

02 주택임대차보호법의 보호 대상

- 「주택임대차보호법」의 보호 대상은 대한민국 국적을 가진 자연인이므로, 외국인은 원칙적으로 「주택임대차보호법」의 보호 대상이 될 수 없음. 그러나 주택을 임차한 외국인이 전입 신고에 준하는 체류지 변경 신고를 했다면 예외적으로 「주택임대차보호법」의 보호 대상이 됨
- 재외 동포가 장기 체류하면서 주택을 임대차하는 때에는 「주택임대차보호법」의 보호 대상이 됨. 이를 위해 재외 동포는 국내에 거소를 정하여 출입국 · 외국인청의 장, 출입국 · 외국인사무소의 장, 출입국 · 외국인청 출장소의 장 또는 출입국 · 외국인사무소 출장소의 장에게 신고를 하고, 국내 거소가 변경되는 경우에는 새로운 거소를 관할하는 시 · 군 · 구(자치구가 아닌 구 포함) 또는 읍 · 면 · 동의 장이나 출입국 · 외국인청의 장, 출입국 · 외국인사무소의 장, 출입국 · 외국인청 출장소의 장 또는 출입국 · 외국인사무소 출장소의 장에게 14일 이내에 신고해야 함

[출처] 찾기 쉬운 생활법령정보, 2023

03 '나 홀로'지만 '함께' 사는 집 '공유 주택

- 공유 주택의 가장 큰 매력은 주변 시세보다 저렴하게 입주 가능하다는 점임
- 치안 문제에서도 자유로운 한편 '나 홀로' 차단된 삶에서 느끼는 외로움을 공동 생활을 통해 떨칠 수 있다는 장점이 있음

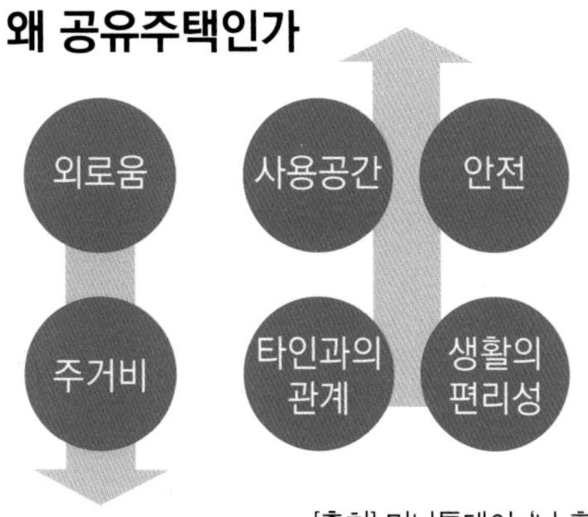

[출처] 머니투데이, '나 홀로'지만 '함께' 사는 집 '공유 주택', 2020

참고자료

국토교통부 누리집
www.molit.go.kr

12 직업과 진로 찾기

[기초 2] 교재 118-125쪽

개관

이 차시의 목표는 자신의 적성에 맞는 직업과 새롭게 떠오르는 직업, 한국의 취업 현실과 선호하는 직업, 직장 선택 기준에 대해 설명하는 것이다. 이를 위해 적성과 흥미 찾기, 새롭게 떠오르는 직업, 점점 좁아지는 취업문, 한국인의 직장 선택 기준에 대한 내용을 학습한다.

단계		교수 · 학습활동	교수 자료	시간
도입	생각해 보기	○ **다양한 종류의 직업 이야기하기** 다음은 다양한 종류의 직업 모습입니다. 어떤 직업이 나와 있나요? 여러분이 하고 싶은 일이나 지금 하고 있는 일에 대해 자유롭게 이야기해 봅시다.	(PPT #1-2)	4분
	학습목표	○ **학습목표 제시** 1. 자신의 적성에 맞는 직업과 새롭게 떠오르는 직업에 대해 설명할 수 있다. 2. 한국의 취업 현실과 선호하는 직업, 직장 선택 기준에 대해 설명할 수 있다.	(PPT #3)	1분
전개	주제1 (강의)	○ **적성과 흥미 찾기** 적성은 어떤 일을 하는 데 알맞은 성격과 능력을 말합니다. 여러분의 적성은 어떠한가요? 그리고 적성을 찾고 계발해야 하는 이유는 무엇인가요? 성격 검사, 적성 검사 등을 통해 자신을 알아 가는 것도 도움이 됩니다 ○ **새롭게 떠오르는 직업** 한국에서 많은 청소년들이 선호하는 직업은 무엇인가요? 최근 사회가 변하면서 새로운 직업이 생기고 있습니다. 따라서 미래 사회에 적합한 직업을 가지려면 어떤 능력이 필요한지, 어떤 직업의 전망이 좋은지 알아보고 준비해야 합니다.	(PPT #4-5)	10분
	알아두면 좋아요 1	○ **미래에는 어떤 직업이 인기 있을까?** 미래에는 인공 지능(AI)과 로봇 등이 사람의 일을 대신하는 경우가 더 많아질 것입니다. 가상현실(VR) 전문가, 빅데이터 전문가, 로봇 공학자 등이 인기가 많아질 것으로 예상됩니다. 반면, 어떤 직업군은 줄어들 것으로 예상될까요? 함께 이야기를 나눠 봅시다.	(PPT #6)	5분
	주제2 (강의)	○ **점점 좁아지는 취업문** 사람들이 일을 하는 이유는 무엇일까요? 일자리는 나라의 경제 상황에 따라 달라집니다. 최근 한국의 취업 상황은 어떠한가요? ○ **한국인의 직장 선택 기준** 최근에는 정년까지 보장되지 않는 직장이 많습니다. 국가 기관이나 공기업, 대기업에 들어가기 위한 경쟁이 치열한 이유는 무엇인가요? 한편 일과 삶의 균형을 뜻하는 '워라밸(work-life balance)'도 직장 선택의 중요한 기준으로 떠오르고 있습니다.	(PPT #7-8)	10분
	알아두면 좋아요 2	○ **창업을 해서 나도 사장이 되어 볼까?** 창업은 아이디어가 중요합니다. 따라서 청소년이나 청년들의 도전 의식과 참신한 아이디어가 큰 힘을 발휘합니다. 청소년 창업의 성공 사례에는 무엇이 있나요? 한국 정부에서는 어떤 지원을 하고 있나요?	(PPT #9)	5분
정리	내용 정리하기	○ **핵심 내용 정리**	(PPT #10-12)	7분
	함께 이야기 나누기	○ **나에게 맞는 직업은 무엇일까?** 여러분은 어떤 성격을 갖고 있나요? 나의 성격에 대해 내가 생각하는 것과 다른 사람이 생각하는 것에는 차이가 있나요? 직업 성격은 여섯 가지 유형(RIASEC)으로 구분할 수 있습니다. 자신의 성격과 가장 가까운 직업 성격 유형은 무엇인지 찾아보고 서로 이야기해 보세요. ○ **다음 차시 예고**	(PPT #13)	8분

학습 내용 정리

01 내가 잘하는 것은 무엇일까?

1) 적성과 흥미 찾기
   ① 적성이란 어떤 일을 하는 데 알맞은 성격과 능력을 말함
   ② 자신이 좋아하고 잘하는 일이 무엇인지 생각하면서 적성을 찾고 계발해야 함
   ③ 성격 검사, 적성 검사 등을 통해 자신을 알아 가는 것이 도움이 됨
2) 새롭게 떠오르는 직업
   ① 청소년이 희망하는 직업이 크리에이터, 생명 과학자 등으로 다양해지고 있음
   ② 사회가 변화함에 따라 새로운 직업이 생기고 사람들이 선호하는 직업도 달라짐
   ③ 미래 사회에 적합한 직업을 갖기 위한 능력과 전망을 갖출 필요가 있음

02 어디에서 일할까?

1) 점점 좁아지는 취업문
   ① 사람들은 일을 통해 자신의 가치를 깨닫고 생활에 필요한 돈을 범
   ② 일자리는 나라의 경제 상황에 따라 달라짐
   ③ 한국의 많은 청년들이 취업 준비와 입사 경쟁에 어려움을 겪고 있음
2) 한국인의 직장 선택 기준
   ① 국가 기관, 공기업, 대기업 등에 들어가기 위한 경쟁이 심함
   ② 일과 삶의 균형을 뜻하는 '워라밸(work-life balance)'도 직장 선택에서 중요한 기준으로 떠오름

12 직업과 진로 찾기

내용 정리하기 답안

1	워라밸 • 크리에이터 • 일 •	• 사람들은 이것을 통해 자신의 가치를 깨닫고 생활에 필요한 돈을 번다. • 일과 삶의 균형을 중요하게 생각한다. • 인터넷 방송인으로 최근 청소년 사이에서 인기가 많다.
2	요즘은 대학만 졸업하면 쉽게 취업할 수 있다. (×)	적성은 사람마다 다르므로 자신의 적성을 찾는 것이 중요하다. (○)
2	최근 국가 기관이나 공기업, 대기업 등에 들어가기 위한 경쟁이 심하다. (○)	한국인은 직장을 선택할 때 수입과 안정성을 중요하게 생각하지 않는다. (×)
3	• (적성)은 어떤 일을 하는 데 알맞은 성격과 능력을 말한다.	
3	• 자신이 좋아하고 잘하는 일이 무엇인지 계속 생각하면서 (적성)을 찾고 계발해야 한다.	
3	• 성격 검사, (적성) 검사 등을 통해 자신을 알아 가는 것도 도움이 된다.	

함께 이야기 나누기 예시 답안

- (예) 저는 사람들을 만나는 것을 좋아하고 이해심이 많은 편입니다.
- (예) 저와 가까운 직업 성격 유형은 S(사회형)입니다. S(사회형)는 사교적이고 이해심이 있는 성격으로 제 성격과 비슷하다고 생각합니다.

나만의 직장 선택 기준

01 만약 내가 직장을 선택한다면 다음 기준을 바탕으로 우선순위 3가지를 정해 봅시다.

직장 선택 기준의 예	워라밸 보장 / 급여 / 정년 보장 / 개인의 발전 / 회사 문화 / 기타 (　　)

1순위	
2순위	
3순위	

02 위와 같이 답한 이유를 이야기해 봅시다.

도움자료

⊙ 한국의 20·30대 직장 선택 기준 조사 결과

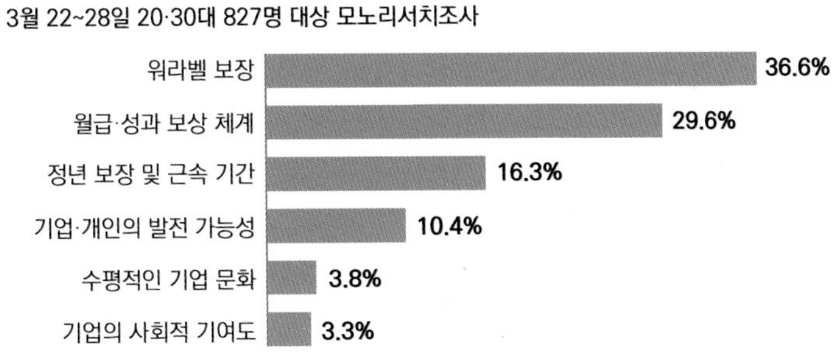

한국의 20 · 30대들이 직장 선택 기준은 워라벨(일과 삶의 균형)인 것으로 나타났다.
전국경제인연합회(전경련)가 여론 조사 기관 모노리서치에 의뢰해 MZ세대 827명을 대상으로 '기업(인) 인식 조사'를 실시한 결과, MZ세대들은 취업하고 싶은 기업으로 '워라밸이 보장되는 기업'(36.6%)을 가장 많이 선택한 것으로 조사됐다.
이어 ▲월급과 성과 보상 체계가 잘 갖추어진 기업(29.6%) ▲정년 보장 등 안정적으로 오래 일할 수 있는 기업(16.3%) ▲기업과 개인의 발전 가능성이 높은 기업(10.4%) ▲기업 문화가 수평적이고 소통이 잘 되는 기업(3.8%) ▲사회적 기여도가 높은 기업(3.3%) 순이다. 월급과 정년 보장보다 개인의 삶을 중시하는 인식 변화가 반영된 결과로 풀이된다.

-출처: 매일경제(2023.4.10.). 월급 많으면 뭐해 '이게' 없는데…MZ세대 직장 선택 기준 알아보니.

심화자료

01 워크넷을 소개합니다.

• 홈페이지 주소: www.work.go.kr

• 1998년 서비스를 개시하였으며, 고용노동부와 한국고용정보원이 운영하는 믿고 신뢰할 수 있는 구직 · 구인 정보와 직업 · 진로 정보를 제공하는 대한민국 취업 정보 사이트임

• 2011년 7월부터 민간 취업 포털과 지자체 일자리 정보를 워크넷 한 곳에서 쉽고 빠르게 검색할 수 있도록 통합 일자리 서비스를 제공하고 있음

• 주요 서비스

– 개인 구직자에게 지역별, 역세권별, 직종별, 기업 형태별 등 다양한 일자리 정보를 비롯하여 온라인 구직 신청, 이메일 입사 지원, 맞춤 정보 서비스, 구직 활동 내역 조회/출력, 메일링 서비스 등의 취업 지원 서비스를 제공함

– 구인 기업에 지역별, 직종별, 전공 계열별 등 다양한 인재 정보를 비롯하여 온라인 구인 신청, 인재 정보 관리, 맞춤 정보 서비스, 찜하기, e-채용마당 등의 채용 지원 서비스를 제공함

– 그 밖에 직업심리검사, 직업 · 학과 정보 검색, 직업 탐방 등 직업 · 진로 서비스와 Job Map, 일자리/인재 동향, 통계 간행물/연구 자료 등의 고용동향 서비스를 제공함

[출처] 워크넷 홈페이지(www.work.go.kr)

02 커리어넷 앱을 소개합니다.

• 이용 방법: 스마트폰 앱스토어, 플레이스토어 등에서 '커리어넷' 실치

• 주요 서비스

– 자신을 이해하는 데 도움이 되고, 진로 의사 결정에 유용한 정보를 확인하는 진로 심리검사를 제공함

– 진로 관련 문제로 고민하는 학생과 학부모를 위한 전문 진로 상담 서비스를 제공함

– 직업 및 학과에 대한 다양한 정보를 제공함

– 진로 동영상 및 진로 교육 자료를 통한 진로 탐색 서비스를 제공함

– 진로활동, 학습활동, 개인 일정 기록 관리를 통해 학생 개개인의 진로 설계를 체계적으로 관리할 수 있도록 지원함

[출처] 커리어넷 홈페이지(www.career.go.kr)

03 자기소개서 작성 요령

- 자기소개서는 자신을 짧게 소개한 글로 지원하는 회사와 직무에 적합한 역량과 확고한 입사 의지가 있다는 것을 나타내야 함
- 직무에 관련된 경험을 통해 자신의 강점을 보여 주고, 입사 후 성과를 낼 수 있는 인재가 될 것이라는 기대감을 줄 수 있도록 작성해야 함
- 최근에는 성장 과정, 지원 동기, 입사 후 포부 등 정형화된 질문보다 구체적인 질문을 제시하여 지원자의 역량과 회사에서 원하는 인재상에 부합하는지 등을 확인함

[출처] 워크넷 홈페이지(www.work.go.kr)

참고자료

워크넷 www.work.go.kr
커리어넷 www.career.go.kr

대단원 정리『경제와 우리 생활』

[기초 2] 교재 126-131쪽

개관 이 차시의 목표는『경제와 우리 생활』영역에서 배운 '한국에서 쇼핑하기', '돈 관리 방법', '경제적인 주거 생활', '직업과 진로 찾기'에 대한 내용을 학습자들이 스스로 정리해 보며, 일상생활에서 유용하게 활용할 수 있도록 지원하고 조력한다.

단계	교수 · 학습활동		교수 자료	시간
도입	학습 내용 환기하기	○ **학습 내용 환기하기** 『경제와 우리 생활』 영역에서 배운 '한국에서 쇼핑하기', '돈 관리 방법', '경제적인 주거 생활', '직업과 진로 찾기'에 대한 내용을 배웠습니다. 새롭게 알게 되었거나 기억나는 내용은 무엇인가요?	(PPT #1)	5분
	대단원 내용 정리	○ **대단원 내용 정리하기** 〈보기〉에서 알맞은 것을 빈칸에 써 보세요. '한국에서 쇼핑하기' 빈칸에 들어갈 내용은 무엇인가요? '돈 관리 방법' 빈칸에 들어갈 내용은 무엇인가요? '경제적인 주거 생활' 빈칸에 들어갈 내용은 무엇인가요? '직업과 진로 찾기' 빈칸에 들어갈 내용은 무엇인가요?	(PPT #2-3)	10분
전개	스스로 해결하기	○ **과제 확인하기** 스스로 해결하기의 제목은 무엇인가요? 아파트 이름을 알기 위해서는 어떤 문제를 해결해야 하나요? 안내판의 설명이 맞으면 O표, 틀리면 X표를 해 보세요. ○ **과제 해결하기** '온라인 네트워크만으로 은행 거래를 하는 인터넷 전문 은행이 등장하였다'는 맞나요? '아파트에서는 층간 소음 걱정은 안 해도 된다'는 맞나요? 틀린 이유는 무엇인가요? '통장을 사용할 곳에 따라 종류별로 나누는 것이 좋다'는 맞나요? '전세는 집주인에게 매달 일정한 돈을 내고 집을 빌리는 방식이다'는 맞나요? 틀린 이유는 무엇인가요? '주택청약종합저축에 가입해야 공공 임대 주택을 신청할 수 있다'는 맞나요? 빅토르네 가족이 살고 있는 아파트 이름은 무엇인가요?	(PPT #4)	10분
	스스로 탐구하기	○ **스스로 탐구하기** 스스로 탐구하기의 제목은 무엇인가요? '자기소개서'는 어떤 경우에 쓰게 되나요? '자기소개서'에 들어갈 내용은 무엇인가요? 자신이 원하는 직장을 생각해 보고, 그 직장에 들어가기 위한 '자기소개서'를 간단하게 써 보세요. 그리고 자신이 쓴 '자기소개서'를 발표해 보고 함께 이야기를 나눠 보세요.	(PPT #5)	10분
	스스로 평가하기	○ **스스로 평가하기** 129쪽에 제시된 문제를 잘 읽고 정답을 맞혀 봅시다. 첫 번째, 한국의 쇼핑 장소 그 특징으로 옳은 것은 몇 번입니까? 두 번째, 돈을 바르게 관리하는 방법으로 옳은 것은 몇 번입니까? 세 번째, 주택청약종합저축에 대한 설명으로 옳지 않은 것은 몇 번입니까? 네 번째, 다음 글의 빈칸에 들어갈 말로 바르게 짝지은 것은 몇 번입니까?	(PPT #6-9)	10분
정리	화보	○ **화보 살펴보기** 여러분은 혹시 한국의 전통 시장에 가 본 적이 있나요? 전통 시장은 어떤 특징을 갖고 있나요? 한국의 전통 시장에 가면 그 지역만의 문화나 특산물, 음식을 경험할 수 있습니다. 130~131쪽에 나온 전통 시장은 무엇이 있나요? 이 중에서 혹시 가 보고 싶은 시장이 있나요? 그리고 여러분의 고향 나라에 있는 유명한 전통 시장에 대해 소개해 볼까요?	(PPT #10-11)	5분

대단원 내용 정리 답안

9. 한국에서 쇼핑하기	• 편의점	• 간편 결제 서비스
10. 돈 관리 방법	• 정기 예금, 정기 적금	• 가계부
11. 경제적인 주거 생활	• 전세, 월세	• 주택청약종합저축
12. 직업과 진로 찾기	• 능력	• 안정성

스스로 해결하기 답안

아파트 이름을 맞혀 봐!

1. 온라인 네트워크만으로 은행 거래를 하는 인터넷 전문 은행이 등장하였다. (O)-(ㅅ)
2. 아파트에서는 층간 소음 걱정은 안 해도 된다. (X)-(ㅏ)
3. 통장은 사용할 곳에 따라 종류별로 나누는 것이 좋다. (O)-(ㄹ)
4. 전세는 집주인에게 매달 일정한 돈을 내고 집을 빌리는 방식이다. (X)-(ㅏ)
5. 주택청약종합저축에 가입해야 공공 임대 주택을 신청할 수 있다. (O)-(O)

⇒ **사 랑** 아파트

스스로 탐구하기 예시 답안

자기소개서를 작성해 볼까요?

(예) 안녕하십니까? 저는 ㅇㅇㅇ입니다. 현재 ㅁ살이며, ㅁ국에서 2018년 한국으로 왔습니다. ㅁ국 대학교에서 경제학을 전공하였고, 한국의 ㅁ대학원 석사 과정을 졸업하였습니다. 올해 TOPIK 6급을 취득하였고, ㅁ기업에서 인턴을 하였습니다. 또한 ㅁ학술지에 2편의 논문을 실었습니다. 항상 밝고 긍정적인 성격으로 제게 주어진 모든 일은 책임감 있게 끝까지 해내려고 노력합니다. 만약 제가 ㅁ국에 설립된 지사의 신입 직원으로 선발된다면 전공과 경험을 살려 열심히 일하도록 하겠습니다. 감사합니다.

스스로 평가하기 답안

1. ③ 2. ② 3. ② 4. ③	
1. (정답 해설)	① 백화점: 돌아다니며 쇼핑하기에 편리하다. ② 편의점: 1인 가구의 증가로 편의점을 이용하는 사람이 많아지고 있다. ④ 전통 시장: 값이 싼 물건이 많다.
2. (정답 해설)	① 돈을 모으려면 불필요한 지출을 줄이며 돈 관리를 해야 한다. ③ 카드보다는 현금을, 신용 카드보다는 체크 카드를 사용하는 것이 좋다. ④ 통장은 생활비, 교육비 등 종류별로 나누어서 미리 조금씩 돈을 모아 놓으면 나중에 지출 부담을 줄일 수 있다.
3. (정답 해설)	② 이미 집이 있는 사람도 주택청약종합저축에 가입할 수 있다.
4. (정답 해설)	③ 워라밸(work-life balance): 일과 삶의 균형을 뜻한다.

기초2
[활동지 예시 답안]

법과 우리 생활

1. 법이 필요한 이유 〈새로운 법이나 제도 제안하기〉

1.

새로운 법이나 제도 명칭	(예) 이주민-선주민 상호 교류 제도
법이나 제도를 제안하는 까닭	(예) 기존의 선주민이 우리 사회의 새로운 성원이 되고 있는 이주민과의 교류를 통해 이해와 공감을 제고할 필요가 있음
주요 내용	(예) 서로의 기초 언어 배워 보기, 문화 교류하기 등

2. (예) 서로의 언어를 함께 배워가며, 더불어 성장하는 우리 마을!

2. 일상생활속의 법 〈아동 학대 예방하기〉

1

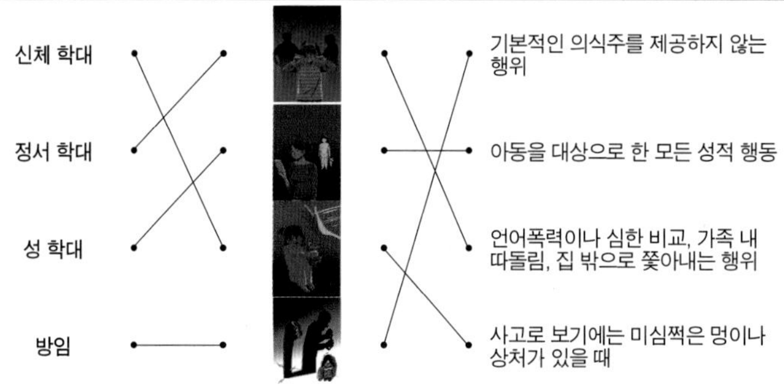

2 (예) 아동 학대에 대한 처벌을 지금보다 더욱 강력하게 합니다.

3. 법으로 문제를 해결해요 〈한국의 재판에 대해 알아보기〉

1 ① 민사 재판 ② 형사 재판 ③ 가사 재판 ④ 소년 보호 재판

2

공통점	(예) 고향 나라에서도 변호인과 함께 재판에 참여합니다.
차이점	(예) 고향 나라에서는 배심제(국민 참여 재판)가 한국보다 더욱 활성화되어 있습니다.

4. 한국 사회 구성원으로 살아요 〈한국 법(제도)에 대해 이야기 나누기〉

1

언제였나요?	(예) 작년 2월쯤이었습니다.
어떤 상황이었나요?	(예) 갑자기 두통이 있어서 병원에서 진료를 받으니 입원을 해야 한다고 하였습니다.
어떻게 혜택을 받았나요?	(예) 건강 보험료를 꾸준히 냈고, 건강 보험을 통해 입원비를 지원받을 수 있었습니다.

2

어떤 것에 참여하였나요?	(예) 사회통합프로그램 이민자 멘토와의 대화에 참여하였습니다.
어떤 도움을 받았나요?	(예) 한국에 먼저 이민 온 사람들과 자유롭게 이야기를 나누면서 많이 배우고 위로가 되었습니다.

기초2
[활동지 예시 답안]

정치와 우리 생활

5. 민주주의가 걸어온 길 〈'민주주의'에 대한 마인드맵(Mind map)〉

1	'민주주의' 마인드맵	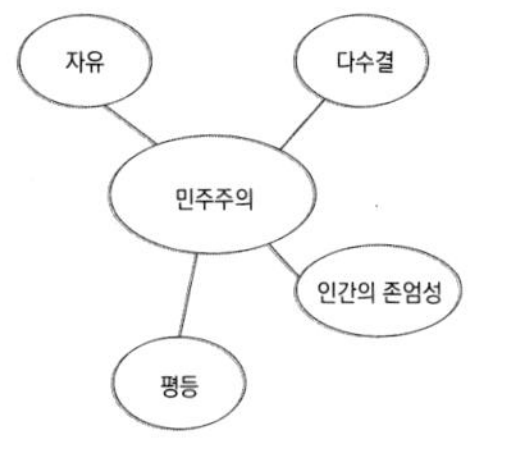

6. 국민의 선거로 뽑는다 〈고향 나라의 선거에 대해 소개하기〉

1	고향의 선거	(예) 필리핀에서는 대통령 선거가 있습니다. 한국처럼 18세 이상 국민이 투표할 수 있습니다. 그러나 필리핀 대통령의 임기는 6년으로 한국과 다릅니다.
	한국의 선거	(예) 한국의 선거는 대통령 선거, 국회의원 총선거, 지방 선거가 있다. 18세 이상 국민이면 선거에 참여해서 투표할 수 있다.
2	지역의 대표에게 편지쓰기	(예) ooo 구청장님, 안녕하세요? 저희 지역에 주차장이 많이 부족합니다. 주민들이 편리하게 지낼 수 있도록 공영 주차장 공간이 더 확보될 수 있기를 희망합니다.

7. 한국의 국가 권력 〈한국의 행정부에 대해 이야기 나누기〉

1	법무부	(예) 법무부는 외국인 등록 및 관리를 담당하는 곳입니다. 저는 외국인 근로자로서 체류지 변경이나 비자 변경이 필요할 때 법무부 출입국 · 외국인청으로 갑니다.
	교육부	(예) 저는 결혼 이민자로서 자녀가 초등학교에 다니고 있습니다. 초등학교 교육과정 등 학교와 관련된 일은 교육부에서 합니다.
2	고향 나라의 대표 소개하기	(예) 한국을 대표하는 사람은 대통령이지만 제 고향 나라에는 대통령이 없습니다. 제 고향 나라의 대표는 총리입니다. 독일 최초의 여성 총리가 가장 오래 일하기도 했습니다.

8. 남북통일과 세계 〈남북통일에 대해 이야기 나누기〉

1	찬성	(예) 한국에서 남북통일이 이루어지면 좋겠습니다. 그 이유는 전쟁은 무섭기 때문입니다. 통일을 하면 한국에서 평화롭게 지낼 수 있습니다.
	반대	(예) 한국에 살고 있는 외국인으로서 남북통일이 되면 사회가 혼란스러울 것 같습니다. 지금 이대로의 한국이 좋습니다.
2	통일 한국 상상하기	(예) 남한과 북한이 통일된다면 북한에서 차를 타고 제 고향 중국으로 갈 수 있습니다. 지금보다 더 쉽게 왕래할 수 있을 것 같습니다.

기초2
[활동지 예시 답안]

경제와 우리 생활

9. 한국에서 쇼핑하기 〈결제 방법에 대해 이야기 나누기〉

1.

[대형 마트]

[전통 시장]

[편의점]

1인 가구의 증가와 함께 소규모 상품에 대한 수요가 늘어나면서 이용하는 사람이 많아지고 있다.

값이 싼 물건이 많다. 최근 지붕을 만들고 환경을 깨끗하게 정리하는 등 현대화를 위해 노력하고 있다.

물건이 다양하고 값도 싼 편이다. 할인 행사도 많이 하고 주차 시설도 잘되어 있어서 인기가 높다.

2.

자주 활용하는 결제 방법	(예) 주로 신용카드로 결제합니다.
그 이유는 무엇인가요?	(예) 당장 현금이 없어도 물건을 구입할 수 있고, 할부 서비스도 이용할 수 있기 때문입니다.

10. 돈 관리 방법 〈가계부 작성해 보기〉

1	(예) 7.2. / 드라이기 구입 / 지출 38,000원 / 잔액 38,000원 (예) 7.10. / 월급 / 수입 2,000,000원 / 잔액 2,038,000원
2	가계부 작성의 좋은 점: (예) 나의 소비 성향을 알 수 있습니다. / 내가 얼마나 저축할 수 있는지 확인할 수 있습니다. / 충동적으로 구매하려는 것을 다시 한번 생각해 볼 수 있습니다.

11. 경제적인 주거 생활 〈한국에서 살고 싶은 집〉

1	(예) 아파트에 살고 싶습니다.
2	(예) 아파트에는 편의 시설이 잘 갖춰져 있기 때문입니다.
3.	(예) (공통점) 많은 사람들이 아파트에 사는 것을 선호합니다. (차이점) 한국의 아파트는 한 단지에 세대수가 많지만, 고향 나라는 그에 비해 적습니다.

12. 직업과 진로 찾기 〈나만의 선택 기준〉

1

1순위	(예) 워라밸 보장
2순위	(예) 회사 문화
3순위	(예) 개인의 발전

2

(예) 퇴근 이후 시간에 취미 생활을 즐길 시간이 중요하기 때문에 워라밸 보장이 1순위이며, 동료들과 즐겁게 생활할 수 있는 회사 문화가 2순위, 그리고 일을 통해 제가 꾸준히 성장하기를 바라기 때문에 개인의 발전을 3순위로 선택해 보았습니다.

연구진 설규주 (경인교육대학교 사회과교육과 교수)
김찬기 (한국이민재단 교육국 국장)

집필진 최수진 (한국다문화교육연구원 사회통합프로그램 강사)
장현성 (한국이민재단 사회통합프로그램 강사)
박원진 (초당초등학교 교사)
이신애 (인천인주초등학교 교사)

사회통합프로그램[KIIP]
한국사회 이해 기초 교사용 지도서

법무부 사회통합프로그램 지정 교재
법무부 귀화적격시험 활용 교재

초판발행 2024년 8월 20일

기획 · 개발 법무부 출입국 · 외국인정책본부

펴낸이 노 현
펴낸곳 ㈜피와이메이트
서울특별시 금천구 가산디지털2로 53 한라시그마밸리 210호(가산동)
등록 2014.2.12. 제2018-000080호
전화 02)733-6771
팩스 02)736-4818
홈페이지 www.pybook.co.kr
e-mail pys@pybook.co.kr

값 13,000원

ISBN 979-11-86140-59-8 (13300)